本书为全国教育科学"十三五"规划2017年度课题教育部重点课题

"基于大数据的小学生综合素养评价系统研发研究"（课题批准号：DHA170410）结题成果

基于大数据的
小学生综合素养评价

修文艳 ◇ 著

ZHEJIANG UNIVERSITY PRESS
浙江大学出版社

图书在版编目（CIP）数据

基于大数据的小学生综合素养评价/修文艳著.—
杭州：浙江大学出版社，2020.12
ISBN 978-7-308-20496-5

Ⅰ.①基… Ⅱ.①修… Ⅲ.①小学生－素质教育－教
育评估－研究 Ⅳ.①G632.47

中国版本图书馆 CIP 数据核字（2020）第 272578 号

基于大数据的小学生综合素养评价

修文艳　著

策划编辑	吴伟伟	
责任编辑	陈思佳	
责任校对	许艺涛	
封面设计	雷建军	
出版发行	浙江大学出版社	
	（杭州市天目山路 148 号　邮政编码 310007）	
	（网址：http://www.zjupress.com）	
排　　版	浙江时代出版服务有限公司	
印　　刷	浙江新华数码印务有限公司	
开　　本	710mm×1000mm　1/16	
印　　张	13.25	
字　　数	210 千	
版 印 次	2020 年 12 月第 1 版　2020 年 12 月第 1 次印刷	
书　　号	ISBN 978-7-308-20496-5	
定　　价	58.00 元	

序言　以综合素质评价促进学生全面发展

　　2020年,中共中央、国务院印发的《深化新时代教育评价改革总体方案》,指出"教育评价事关教育发展方向,有什么样的评价指挥棒,就有什么样的办学导向"。全面推进立德树人,促进学生全面发展,就需要充分发挥评价的导向作用,探索与育人目标一致的评价机制。

　　近年,我国学生评价的重点逐渐转向综合素质评价,希望通过综合素质评价推进学生综合素质提高,实现学生的全面充分发展,但学生综合素质评价的定位以及关键问题始终没有很好解决。

　　在中学阶段,学生综合素质评价与升学选拔结合,通过将综合素质评价结果运用于中考和高考,引导学校和学生重视并促进综合素质的发展。但在小学阶段,没有升学的直接压力,小学生发展也具有自己的阶段特征,如何实施小学生综合素质评价,如何运用综合素质评价成果推动小学生的全面发展,直到目前没有很好解决。

　　《深化新时代教育评价改革总体方案》在改革义务教育学生评价方面提出,"坚持以德为先、能力为重、全面发展,坚持面向人人、因材施教、知行合一,坚决改变用分数给学生贴标签的做法,创新德智体美劳过程性评价办法,完善综合素质评价体系,切实引导学生坚定理想信念、厚植爱国主义情怀、加强品德修养、增长知识见识、培养奋斗精神、增强综合素质"。

　　该方案对义务教育小学生的综合素质评价提出了具体的指导原则,据此可以认为：小学生的综合素质评价，根本目的应该指向学生的全面发展，指向立德树人的教育目标，以评价推动育人目标的有效实现；小学生的综合素质评价应当体现个体差异性，帮助实现因材施教、知行合一，本质上是一种形成性评价；小学生综合素质评价内容应当包括德、智、体、美、劳，通过评价推动五育并举、综合素质发展；小学生的综合素质评价应当指向理想信念、爱国情怀、品德修养和奋斗精神，这样的人格建树是综合素质的核心内容。

现代教育评价的本质是对教育活动做出价值判断，这样的价值判断可以是总结性的，也可以是形成性的。义务教育评价的价值准则应当也只能是党和国家的育人要求，而收集信息、处理信息的手段应该适应时代，尤其信息技术的进步，为综合素质评价的信息收集和处理以及评价结果的运用提供了新的可能。为此，全国一些领先的学校在积极探索基于信息技术的综合素质评价，期望通过评价推动立德树人和全面发展，在这方面，青岛市崂山区第二实验小学就具有一定代表性。

青岛市崂山区第二实验小学是一所快速发展起来的优质学校，也是我国基础教育公办学校建设发展的一个成功范例。这是一所普通的公办新建独立小学，有着与区内其他新建公办学校类似的条件和配置，没有借助名牌学校的品牌效应，没有办学资源倾斜的所谓"重点打造"，也没有聘用名校长的名人效应，建校八年，从零起步，迅速成长为一所区域名校，这在国内是不多见的。

从建校起，我全程参与和见证了这所学校的成长，修文艳校长的创新意识使其带出了一支创新的教师队伍，办成了一所真正敢于、勇于和善于创新的好学校。"基于大数据的小学生综合素质评价"是开拓创新的一项实践尝试。

这所学校提出的综合素质评价体系，是学校不断寻找激励学生的实践创新，是学校发展的内生需要。从第一届学生入学起，他们就把激励学生作为重要的教育方法进行研究，先后尝试了各种激励方式。随着信息化技术手段的运用，他们开始尝试以网络平台记录学生的发展轨迹，通过点赞激励学生，取得了显著成效，并在总结中逐步提出基于客观的大数据形成学生激励评价体系的思路。为此他们申请了全国教育科学规划课题，被立项为全国教育科学"十三五"规划教育部重点课题。课题立项后他们加快研究开发进程，形成了具有自己独特性的基于大数据的学生综合素质评价体系，这个体系得到实践检验，不仅在学校得到很好运用,也在各地产生积极影响,推动了全国各地学校参观学习和引进实践。

我全程见证了这个系统的研制过程,实践体验后我认为,青岛市崂山区第二实验小学的基于大数据的小学生综合素质评价系统具有六个显著的特征:

第一,这个系统是从育人目标的顶层设计开始的。系统把学校育人目标分解为"会生活、有情趣、敢担当、能创造"四大"关键素养",再概括出"十二项美德",转化为十六项评价的表现性指标,以此构建整个综合素质评价的系统。这个系统具有严谨的逻辑结构,以育人目标为核心,以实际表现为信息采集点。

第二,这个系统充分体现了新时代义务教育立德树人的总体要求。"十二项美德"包括:有爱心、讲诚信、勇负责;善理解、懂感恩、会合作;通事理、重生态、好探究;能悦纳、律言行、常反思。这些要求与十六个评价点充分体现了新时代义务教育的特点与要求,具有育人思想理念的前沿性。

第三,这个系统充分利用客观数据,尽可能减少工作量。基于大数据的小学生综合素质评价系统立足于使用学校运行中形成的客观数据,汇集各种数据并导入体系,尽最大可能减轻教师和家长的工作负担。

第四,这个系统具有充分的个人选择性,体现个体差异和鼓励个性发展。这个系统可以呈现不同学校、不同阶段、不同年级的不同指标选择,也预留了学生和家长个人选择指标的空间,立足于体现不同学生不一样的个性特征,是共同要求与具体不同表现的结合。

第五,这个系统充分关注家校合作,充分尊重和鼓励家长参与评价。系统的一个重要特点是重视学校和家庭及社区的联系,有些评价内容是家长做出的,有些是社区与社会活动数据直接导入,在这个系统里家长发挥着积极主动的作用。

第六,这个系统是一个形成性评价系统,以鼓励为基本导向,充分体现教育性。系统开发过程一直注重教育性,结合学生的表现、态度与进步,家长可以与孩子协商,表现不好的可以改正后重新评价。整个系统是一个学生发展诊断系统,立足于对学生发展情况的分析诊断,提出改进或加强的意见与建议,不主张过多使用综合结论评价学生,充分体现了评价的形成性。

几年的实践证明,这个系统在推动学生全面发展、落实学校育人目标中发挥了积极的作用,已经得到家长、老师和学生的认同,正在被越来越多的学校接受和采用。

　　当然,这个系统仍然是初步的,还不够完善,无法回应如何给学生一个最终总体评价结论的问题,这也是系统设计之初没有准备涉及的问题。这个系统在数据的导入上仍然有不顺的方面,教师在使用中仍然会感觉工作量比较大、比较麻烦。学生的个性发展虽然有了较大体现,但仍然不能满足家长和学生的实际期望。另外,系统表现性指标数据如何与孩子关注热点结合仍待研究。这些是这个系统进一步优化、发展的方向,相信这些问题会得到很好的解决,这样的过程也是系统不断走向成熟的过程。

华东师范大学教授

2019 年 11 月　于丽娃河畔

目　录

第一章　小学生综合素养评价的现实需要与关键问题 ………… 001

第一节　综合素养评价是小学教育发展的现实需要 ………… 001

第二节　小学生综合素养评价的问题与解决途径 ………… 006

第三节　基于大数据的小学生综合素养评价的理论基础和整体构想 ……… 012

第二章　基于大数据的小学生综合素养评价体系设计 ………… 020

第一节　基于大数据的小学生综合素养评价体系设计原则与整体框架 … 020

第二节　基于大数据的小学生综合素养评价指标体系 ………… 027

第三节　基于大数据的小学生综合素养评价实施体系 ………… 031

第三章　基于大数据的小学生综合素养评价信息系统的运行 … 039

第一节　小学生综合素养评价系统的基础数据设置 ………… 039

第二节　学生综合素养评价系统的数据采集 ………… 044

第三节　学生综合素养评价系统的数据处理 ………… 051

第四节　学生综合素养评价系统的结果呈现 ………… 060

第四章　小学生综合素养评价系统在德育评价中的应用 ………… 064

第一节　学生道德教育的生活基础 ………… 064

第二节　小学生综合素养评价系统在德育工作中的实践应用 ………… 070

第三节　小学生综合素养评价系统对德育成效的影响 ………… 081

第五章　小学生综合素养评价系统在教学评价中的应用 ………… 088

第一节　生活教育理念的基本原则 ……………………………… 088

第二节　小学生综合素养评价系统在教学中的实践应用 ………… 093

第三节　小学生综合素养评价系统对教学成效的影响 …………… 103

第六章　小学生综合素养评价系统在美育、体育、劳育评价中的
应用 ……………………………………………………… 109

第一节　学生美育、体育、劳育的生活基础 ……………………… 109

第二节　小学生综合素养评价系统在体育、美育、劳育中的实践应用 … 114

第三节　小学生综合素养评价系统对美育、体育、劳育成效的影响 ……… 124

第七章　基于大数据小学生综合素养发展的家庭与社会教育
评价 ……………………………………………………… 138

第一节　基于生活教育理念的家庭教育和社会教育的意义 ……… 138

第二节　基于大数据的小学生综合素养评价在家庭教育和社会教育中的
应用 …………………………………………………… 147

第三节　基于大数据的小学生综合素养评价系统对家庭教育和社会教育
成效的影响 …………………………………………… 165

第八章　大数据背景下小学生综合素养评价研究总结与展望 … 169

第一节　大数据背景下小学生综合素养评价研究总结 …………… 169

第二节　基于大数据的小学生综合素养评价研究的展望 ………… 186

参考文献 ……………………………………………………… 200

后　记 ………………………………………………………… 202

第一章　小学生综合素养评价的现实需要与关键问题

第一节　综合素养评价是小学教育发展的现实需要

21世纪,随着时代的进步,社会对教育越来越重视。教育是立国之本,教育决定着人类未来的发展路线,人类社会正是通过教育来不断培养人才,通过教育来探索未知,传授已知,摸索着前进的道路,从而使人们更好地认识世界,更好地发展未来。

评价是引领现代教育发展的重要手段。2020年6月30日,中央全面深化改革委员会第十四次会议审议通过了《深化新时代教育评价改革总体方案》,指出"教育评价事关教育发展方向",要"全面贯彻党的教育方针,坚持社会主义办学方向,落实立德树人根本任务,遵循教育规律","改进结果评价,强化过程评价,探索增值评价,健全综合评价",切实破除唯分数、唯升学、唯文凭、唯论文、唯帽子的顽瘴痼疾。[①] 综合素质评价成为评价改革的重要内容。

教育评价理论形成不足百年,一直在不断发展完善中,也从注重结果、注重

---

① 新华社.中共中央 国务院印发《深化新时代教育评价改革总体方案》[EB/OL].(2020-10-13). http://www.gov.cn/zhengce/2020—10/13/content_5551032.htm.

奖惩的总结性评价转向注重过程、注重改进的形成性评价,从结果导向到注重过程,更加关注被评者的感受体验,强调价值协商,提倡多元主体的共同参与构建。每个主体对自己行为的反思意识和评价能力在教育评价中的地位日益凸显。

小学生教育的目标不是培养优秀的"记忆者",而是培养优秀的"思考者和探索者"。实现基于综合素养的小学生评价变革,实现公平而有质量的教育,其目标在于培育每一个儿童成为学习的主人公。综合素养作为桥梁,将党的教育方针与学生应具备的必备品格与关键能力完美结合,深入明确"立什么德、树什么人"的根本问题,并且以教育工作者易于理解的、可实践的具体要求引领课程改革和育人模式变革。

习近平明确表示:"推动教育变革和创新,建设网络化、数字化、个性化、终身化的教育体系","培养大批创新人才,是人类共同面临的重大课题"。[①] 当前,综合素养评价已经成为教育的焦点和热点,这是在实践中落实学生关键能力培养的需要,同时对尊重小学生个人多样化发展、激发小学生潜能、实现小学生全面发展等具有重大意义。小学生评价制度的改革是基础教育改革和发展的重要组成部分,教育的根本任务是立德树人,是学生综合素养的全面发展。评价是教育教学的重要组成部分,对学生成长发挥着巨大的推动作用。切实建立符合学生发展需要的新型评价机制,构建一个可操作性强、评价体系完备、评价内容全面、评价过程完整、评价效果显著的小学生网上评价系统,从评价入手,真正发挥教育评价的导向作用、诊断作用、激励作用,为教育教学实施助力,是现实社会和教育发展的必经之路。

一、构建基于大数据的小学生综合素质评价体系

2013 年,教育部颁发了《教育部关于推进中小学教育质量综合评价改革的意见》,给出了五大方面共二十项具体的评价指标,涉及品德发展、学业发展、身心发展、兴趣特长、学业负担等诸多方面,更加注重学生实践、创新方面的培养,

---

① 新华网. 习近平致国际教育信息化大会的贺信［EB/OL］.（2015-05-23）. http://www. xinhuanet. com/politics/2015—05/23/c_1115383959. htm.

更加关注潜能发展和行为调控。2017 年,中共中央办公厅、国务院办公厅印发《关于深化教育体制机制改革的意见》,明确指出:"强化学生关键能力培养。"学生关键能力指的是现代化社会中对学生个人发展和社会发展都至关重要的能力。联合国教科文组织曾提出"学会求知、学会做事、学会共处、学会做人"等关键能力。学生关键能力的培养对学生个人成长和社会发展具有重要价值,对学校来说是一个考验,涉及学校的顶层设计,贯穿于学校的教育教学,需要各方面全面合作。

在文献搜集和整理中,我们发现国内外很难找到可借鉴、可参考的评价内容与细则。面对困难,我们认为研究应该回归评价研究的本源,就是发展人、实现学校的育人目标。我们通过整理、阅读、提炼、分析相关资料和学术见解,经过了目标解读、框架构建、专家指导、思维碰撞、讨论修改、实验完善等环节,逐步构建了自己的小学生综合素质评价体系。

评价体系以 2017 年中共中央办公厅、国务院办公厅印发的《关于深化教育体制机制改革的意见》中对小学生"关键能力"的界定为基础,结合我校育人目标和学生身心发展的阶段性特征,围绕"会生活、有情趣、敢担当、能创造"四个关键能力,将其分解为"十二美德",形成"十六表现",根据小学生不同年级的身心发展特点,将"十六种表现"进一步细化为不同年级学生的评价指标,突出关键行为特征,形成完整的《小学生综合素养评价系统评价细则》。

我们以学生评价为导向,结合学校的育人目标,制定科学完善的学生评价体系,通过大数据对学生的受教育过程进行过程性跟踪和分析,致力于将国家提出的学生关键能力培养在校本化的过程中真正落地,从而全面提升小学生的综合素养,帮助学生成长为未来社会真正具有竞争力的人才。

2018 年 11 月,《青岛市促进中小学生全面发展"十个一"项目行动计划》(简称《行动计划》)开始实施。《行动计划》指出,青岛通过实施"十个一"项目,让学生学会一项体育技能、掌握一项艺术才能、精读一本书、记好一篇日记(周记)、参加一次劳动、演唱一支歌曲、诵读一首诗词、进行一次演讲、参加一次研学、参与一次志愿服务,"让每一位学生立足基础,培养兴趣,开发潜能,养成习惯,受益终身",并"进一步丰富素质教育的内涵,建立和完善以促进学生综合素质提升为统领的德育体系、课程体系、实践体系和评价体系,形成促进学生健康成长、全面发展的教育体制机制和良好的社会氛围。"

在学习研究中我们发现,"十个一"项目的工作目标,是我们研究评价系统的初衷,"十个一"项目的具体要求,也就是对于小学生综合素养表现的界定。

基于这样的思考,反思教育教学的评价现状,本着全面提升学生综合素养的发展目标,2015 年 7 月,我们提出了课题,希望通过先进信息技术的引领,借助教育评价,全面提升学生综合素养。经过多轮评审,本课题最终获得全国教育科学"十三五"规划教育部重点课题立项。

二、本课题学术价值和应用价值

(一)"评价引导",优化学校教育教学管理体系

随着新课程改革的深入,如何大规模实施过程性评价、培养学生的关键能力是教育评价面临的主要难题。通过教师评价、家长评价、自我评价、同伴互评等多元评价主体,全面采集、存储、传递、汇总学生学习生活过程的数据信息,并对评价数据进行挖掘和分析,以"培养学生关键能力"为目的,突出评价的激励与调控功能,关注学生的发展需要,激发学生的内在发展动力,促进学生综合素养不断发展。其主要价值表现在以下几个方面。

1. 更加全面科学评价学生,有利于学生关键能力的发展

本课题遵循教育规律与学生身心发展规律,运用先进的信息技术手段,关注学生成长历程,实现评价方式多样化和评价主体的多元化,全方位展现我校育人目标"会生活、有情趣、敢担当、能创造"的关键素养,最大限度调动学生的积极性,使学生不断认识自我、发现自我、完善自我。

2. 引入"大数据"信息新技术,有利于探索高效评价新路径

本研究是在学生评价领域引入先进的信息技术,通过可穿戴设备,以手机、平板电脑、电脑为客户端,开发相应的软件,运用"大数据"的特色功能,通过对大数据的采集、挖掘和分析来提高评价的准确性和效率。

3. 注重评价的发展激励作用,有利于学生的个性化发展和终身发展

本课题研究遵循教育规律与学生身心发展规律,建立科学的评价体系,努力获取学生关键能力方面的信息,全方位展现学生综合素养,最大限度调动学生的积极性,使学生不断认识自我、发现自我、完善自我。通过分析学生个体数

据,关注学生的个性差异及特长发展,对其进行个性化指导,从而促进学生个性化的发展。小学阶段结束后,最终形成一个个学生自身发展的数据资源包,为学生、家长、学校以及社会提供科学全面的数据分析,判断学生的思维方式、学习成绩、爱好特长等,指导其今后的学习生涯,助力学生的终身发展。

4.切实减轻评价负担,有利于教育教学的优化发展

"小学生综合素养评价系统"使得相关资料的收集、整理、保存、传送等都变得十分便利,减少了学生家长重复上交评价材料的负担,减少了教师复杂的评价记录工作,也减少了学校整理、分析、存放等工作量,有利于三方有更多的时间和精力优化教育教学。

5.评价与管理有机结合,有利于学校管理工作的科学化

本课题把评价和教育教学管理有机结合起来,实现以评价促进教育,最终使学校管理工作科学化。学校把评价与学生学习活动、德育发展、社会实践等相结合,使评价逐步融入学校教育教学的全过程,同时,把评价和家庭教育相结合,整理分析评价数据,让家长更加了解孩子的发展状况,家长的要求和期望更加适切,提升了家校合作的实效性,为教育教学和学校管理提供科学指导。

6.多元评价促教育公平,信息技术助建诚信体系

公平公开多元评价,有利于实现评价激励公信力。评价系统关注学生成长历程,把日常评价、成长记录与实践活动结合起来,结合学生自评、学生互评、家长参评和教师评价,关注每一个孩子的发展变化,促进教育公平。依靠互联网的公开性、资源的互享性和评价环境的保密性,把公众监督落到实处,其次,评价系统要求各评价主体在评价时必须提供必要的证明材料,以附件的形式上传,保证了评价过程和结果的真实性,也有助于建立诚信的评价体系。

(二)"五育并举",促进学生全面发展

"小学生综合素养评价系统"评价细则科学全面,信息系统合理便捷,系统更加重视评价的发展激励作用,经过研究和实验应用,也更加明确其对于学生的综合素养提升、个性化成长和未来发展的意义。

1.科学系统评价,提升学生综合素养

"小学生综合素养评价系统"评价细则,分年级搜集整理了能代表学生"会生活、有情趣、敢担当、能创造"四个关键能力的300多个素养采集点,五育并

举,极大地丰富了素质教育的内涵,评价内容科学系统。通过学校表现、知识过关、能力展示、家长反馈等多种渠道,全面采集、存储、传递、汇总学生学习生活的过程数据信息,分析诊断学生的各方面表现数据。家长、老师通过信息软件,直观看到学生在学习、生活、实践等方面的优势、不足,帮助学生全面发展,促进学生综合素养的提升。

2.智慧评价诊断,实现学生个性化成长

"小学生综合素养评价系统"通过软件设定,智慧分析学生个体数据,让学生知道自己擅长什么,今后努力的目标是什么,最大限度调动学生的积极性,使学生不断认识自我、发现自我、完善自我。教师和家长可以参考评价判断,关注学生的个性差异、发展需要和潜在能力,有针对性地调整教育教学策略,通过个性化指导,促进每一位学生立足基础、培养兴趣、开发潜能、养成习惯、受益终身,从而实现学生个性化成长。

3.智能延展分析,助力学生未来发展

经过不断的研发研究,我们期望能打破学段界限,衔接学生的成长。小学阶段结束后,小学生综合素养评价系统会通过智能分析,最终形成一个个学生自身发展的数据资源包,这个资源包里包括了学生在生活能力、情趣修养、责任担当、学习创造等方面的表现,甚至是心理、性格、思维的特征,为家长、学校以及社会提供科学的数据分析,帮助其判断学生的思维方式、学习成绩、爱好特长等,这对学生今后的学习生涯、职业生涯具有极大的指导意义,能帮助学生成长为未来社会真正具有竞争力的人才。

第二节　小学生综合素养评价的问题与解决途径

一、大数据的基本概念及应用

美国互联网数据中心(IDC)将"大数据"定义为:通过高速捕捉、发现或分析,从大容量数据中获取价值的一种新的技术架构。"大数据"不仅仅指"容量大",更重要的是通过对海量数据的整合、分析、处理而产生的新知识、新价值、新发展。大数据放弃了对因果关系的探求,转而寻求事物之间的相关性。大数据正在改变我们的生活和理解世界的方式,正在成为新发明和新服务的源泉。

（一）大数据的兴起将深刻变革教育的方方面面

首先,大数据为我们认识探索教育规律,提供了前所未有的工具和手段。以前受技术条件的限制,对复杂的教育现象的观察和研究只能把握局部,不能把握全局,大数据可以对全领域、全样本进行分析研究,不仅是个放大镜,也可以从总体上俯瞰全局,将极大改变我们对教育的认识,是我们探索教育规律的利器。其次,大数据为改变传统的教与学的方式提供了契机。持续、长期地监测课堂教学行为大数据,可以帮助我们透视课堂教与学的短板,发现教与学中亟须改进的地方,从而为教师的课堂教学行为改进提供切实可操作的抓手,提高教与学质量。再次,大数据通过对教育过程数据的分析,可以提高教育管理的科学化水平,优化教学过程,改进教学决策,进行智慧的教与学。最后,大数据将全方位改变我们的学习方式、生活方式,甚至思维方式。传统上对学习的研究取决于对经验的依赖,而大数据可以帮助我们跳出传统的路径依赖,以全新的视角来考察什么是高水平的学习、有价值的学习。

当前,"大数据"已经在各行各业产生重大影响,并在经济领域带来了巨大的价值:谷歌利用大数据成功预测了甲型 H1N1 流感在美国的爆发和传播;亚马逊和京东商城等通过分析客户的购买数据,向用户推荐个性化商品;华尔街德温特资本市场公司分析 3.4 亿微博账户的留言数据,判断民众情绪,依此决定公司股票的买入或卖出。更重要的是,"互联网＋"、"大数据"、"AI"等技术推动了教育的现代化发展,让教育资源共建共享成为一种可能。在教育领域,大数据可以用来帮助教师、学校等进行个性化课程分析、预测辍学行为、预测助学需求、变革教育评价方式等。佛罗里达州立大学利用 eAdvisor 程序为学生推荐课程和跟踪其课业表现,对其学业发展过程进行更精准的把握和评价;美国西部州际高等教育委员会(WICHE)以凤凰城大学和里奥萨拉多学院等 6 所学校的 64 万名学生为对象,建立了一个教育数据库,以此预测学生的辍学行为,通过过程评价帮助学生成长发展。有研究指出,教育大数据还可以用于分析合作学习小组中的强、弱方,通过学习过程评价促进学习任务的合理分配。

大数据拓宽了破解教育评价单一模式的思路与途径:不仅可以通过变革教

育评价模式,提升评价质量,提高评价价值,而且可以促进教育评价由结果导向向过程导向转变,结合过程性评价与结果性评价,促进每一个孩子的全面发展。

(二)中小学生评价研究现状

从周代的"选士制"到汉代的"察举制"、魏晋的"九品中正制",最后到隋唐开始的"科举制",考试制度的变革变相推动了学校教育的发展。近代学校同样把考试作为判断教育目标是否实现的主要标志,基于学习结果进行评价,以此判断和评价教育的实施情况。

现代教育评价理论诞生后,其更加强调评价的形成性功能,但现实中,对小学生的评价方式仍然侧重考试成绩,而忽略了小学生的全面发展、全面素质的提高和多元化的培养,也忽视了小学生的自我管理能力,无法充分调动小学生的主观能动性。传统的小学生评价方式虽然有助于提高小学生的学习成绩,但是不够多元化和过程化,直接影响学生的创新精神和创新能力的培养。

素质教育要求对学生进行综合评价。现在,大多数家长能够为孩子提供良好的生活条件,但对家庭教育重视程度有待提高,导致许多学生没有形成良好的学习和生活习惯。另外,大多数的学生评价体系是片面的,主要以学生的学业成绩为标准,以成绩来评价学生,不仅加重了他们的学业负担,而且损害了他们的身心健康,不利于学生的个性发展,因此,很难对学生进行综合评价。具体表现在:

第一,评价信息相对单一。长期以来,我国传统的小学生评价一般由教师评价学生,而学生自评、互评,家长评价和社会其他形式的评价内容比较匮乏,评价渠道相对封闭,评价角度和评价方式比较单一,评价结果易受主观因素影响,难以了解学生真实的主观感受,导致学生发展片面化。

第二,评价记录烦琐,内容片面。在研究中我们发现,传统的小学生评价记录繁杂、不全面、不准确,影响了评价的效率与科学性。传统的小学生评价通常以课本知识为准,更加注重学生的学习能力,评价结果往往采用手写记录的形式,它以学生的作业成绩、课堂检测以及学生的考试成绩为基础,以档案的形式记录学生的整个发展过程,对学生的学业表现进行综合评价。这种评价方式过于强调知识的记忆以及学习的结果,忽略了学生在"过程与方法""情感态度与价值观"等方面的全面发展,难以激发学生学习的主观能动性,不利于学生全面发展。

第三，评价重筛选、鉴别，过于强调结果。当前小学生评价方式多样，"评比栏""积分卡""积星晋级""学籍管理——期末评价"等广泛应用，但是这种评价方式无法对课堂教学的信息进行及时的保存及汇总，无法准确记录学生及教师在教学过程中的动态变化，无法对学生整个学业表现进行评价，无法汇总多名教师的课堂观察及其对学生的个性发展进行的评价，因而很难发现评价数据中隐藏的教育规律。同时，即使有教师、学生、家长的参与，有学生的过程表现记录，由于评价信息的数量规模、数据来源有限，现有的评价更多是结果性评价与经验性评价。德国哲学家莱布尼茨说："世界上没有两片相同的叶子。"现有评价更加重视对学生学习能力的判断、鉴定与筛选作用，忽视不同学生在学习过程中的不同发展潜力与进步，难以激发小学生的学习积极性，不利于学生的全面、多元化发展。

2013 年 6 月，教育部出台《教育部关于推进中小学教育质量综合评价改革的意见》(下面简称《意见》)，规定包括学生品德发展水平、学业发展水平、身心发展水平、兴趣特长养成、学业负担状况等五大方面二十项关键指标的中小学综合素质评价内容，并明确了评价的程序。《意见》为中小学具体实施学生综合素质评价指明了方向，有助于中小学树立科学的教育质量观，扭转"唯成绩论"的不良倾向。

鉴于传统评价的局限，目前利用现代化的信息技术对学生进行过程性评价的探索已经在我国部分中小学初步展开。

上海市闵行区蔷薇小学课堂上的"魔法棒"，让教师对于学生的良好行为习惯和课堂优异表现，只需在学生电子学生证刷一下，就可以给学生"点赞"。

2016 年，北京市全面推广中小学生综合素养评价系统，对中小学生进行了全员、全方位、全过程的"自我评价"和"评价同学"评价。

2018 年起，上海市正式实施高中综合素养评价，将品德发展与公民素养、修习课程与学业成绩、身心健康与艺术素养、创新精神与实践能力作为评价内容，采用定期提报的方式，记录学生的成长发展。

乐山职业技术学院秉承"诚信、笃志、求真、创新"校训精神，利用学生在校期间的学习、生活等方面的数据建立起了学生综合素质评价体系，先是通过相关数据分析,对其综合指标进行不同的权重赋值,再结合相关现代教育理论,根据学生活动的不同权重赋值进行分析研究,体系的建立能为高校人才培养、学生学业、生活及升学规划提供数据参考,以期更好地促进学生职业综合能力提升。

上海市某小学进行了为期 5 年的小学生综合素质评价实践,包括评价标准的制定和实施、评价过程的规范和完善、评价结果的分析和利用等。其评价指标体系涵盖了道德品质、公民素养、学习能力、交流与合作能力、运动与健康、审美与表现等多方面的内容,并且借助熟悉和了解评价对象的教师、同学、学生自己和家长进行多元主体评价。评价者根据评价对象的行为表现,进行评分。[①]

广东省佛山市儒林第一小学通过创办虚拟的“网络阳光银行”,以争取“七彩阳光币”为目标手段,在全校范围内由各学科、各部门共同建立一致的评价标准,实施“互联网+阳光银行”激励评价系统,促使教师们围绕阳光教育理念设定班级目标,从七个方面评价学生、激励学生,促进学生全面发展。每学期的每个月,“央行行长”根据每一位教师任教的科目以及该科目在小学生教育教学中所占的比重,派发出不同数量的阳光币,教师根据本班学生实际情况发放阳光币。[②]

这些地区开展的基于大数据的学生评价尝试,对于学生能力的关注开始多元化,并基于综合素养进行评价。高中阶段的评价有国家系统的评价指标作为指引,但是由于学校活动开展比较单一,无法均衡地进行多方面的评价。小学阶段的综合评价主要依据主观的评价数据的采集,采集形式单一,而且缺乏系统的完善的评价指标做引导,采集的数据不够全面。

因此,我们希望通过研究小学生综合素养的评价体系,制定出内容全面、客观,程序科学、规范的评价指标,发挥评价促进学生发展的功能,建立科学的小学生发展性评价体系,通过评价,使学生不断认识自我、发现自我、完善自我,实现教学预定目标,促进学生综合素质不断提高。

我们期望以“基于大数据的小学生综合素养评价系统”研究为契机,有效整合学校教育教学工作,扎实有效地开展“十六表现”的细致研究,在未来教育研

① 吴钢. 现代教育评价教程[M]. 北京:北京大学出版社,2016.
② 彭喜倡. 学校“互联网+”“阳光银行”激励评价系统建设 ——基于学生全面发展[J]. 现代教育期刊,2020,(2).

究之路上,围绕促进学生综合素养发展的目标继续前行。

《国家中长期教育改革和发展规划纲要(2010—2020 年)》强调指出,信息技术对教育发展具有革命性影响,必须予以高度重视。政府部门对于信息技术应用于教育领域的政策和资金的有力支持,这些必然因素和大环境保障是本课题研究的基础。为了将《小学生综合素养评价系统评价细则》落地,我们引入了现代教育技术——大数据。大数据能突破教育评价单一模式,拓宽评价的思路和途径,实现评价内容的多维、评价方式的多样、评价主体的多元,从而将国家提出的对"学生关键能力"的培养在校本化的过程中真正落地,实现学生的全面发展。

学生的成长过程,应该是学生自我不断发展和外部有效引领相结合的过程。基于大数据的"小学生综合素养评价系统"一方面准确、方便地把将客观事实呈现出来的过程性评价内容和以描述性语言呈现出来的评价结果记录、存储下来,全面、具体、客观地反映学生的综合素养发展水平;另一方面又及时有效地将评价过程和评价结果反馈出来,学生可以随时了解其他主体对自己的评价意见,随时对照成长计划查找自己发展中存在的问题,明确调整的目标和途径,进而有目的地调整、培养和发展自己。其他评价主体尤其是学生家长和老师,能随时从成长记录平台上全面了解孩子的发展状况,及时而有针对性地加以引导,引领学生可持续发展。

现行的小学生综合素养评价,虽然有大量尝试,但整体成效仍然不够理想,多数评价指向不明、操作烦琐,其中最为关键的问题有三个:一是没有充分关注和解决"综合素养"的问题,即评价没有充分结合学校育人目标解读综合素养,无法体现出学校办学和育人的特色;二是没有充分利用大数据等信息手段,操作烦琐,大大增加了教师和学生的负担,不受教师欢迎;三是没有充分体现激励作用,注重结果比较多,无法将综合素养评价转化为学生发展的分析诊断系统,不能通过评价及时发现学生存在的问题与不足,影响了学生的健康发展。

我们的研究就是要尝试解决这些问题:在充分吸取以往经验的基础上,将综合素养结合学校育人目标进行揭示和界定,从而形成指标体系;充分利用大数据,尽可能基于客观数据,利用信息技术手段对数据进行分析处理;评价体系的设计考虑"溯源"的需要,在结果的运用中注重诊断分析,快速形成学生发展的诊断报告,并及时反馈用于改进教育教学。

第三节 基于大数据的小学生综合素养评价的
理论基础和整体构想

一、基于大数据的小学生综合素养评价的理论基础

（一）哲学基础

"培养什么样的人"是教育研究永恒的话题。

1. 从康德到马克思的"人的全面发展"的教育思想

康德提出培养"完人",即教育的根本目的在于全面、充分、和谐地促进人的各种潜在的能力(如理性思维、实践和审美能力)发展,从而把人培养成"有人格的人"。马克思"人的全面发展"学说是马克思主义人学理论中的核心内容,包括三个层面:"体育和智育获得充分的发展和运用""才能、智趣和审美能力的多向度发展""共产主义崇高品德的发展"。马克思从系统的整体思维来回答"培养什么样的人"这一哲学议题,认为人是一切社会关系的总和,人与人的社会关系比人与自然的关系在造就人的本性方面更为重要,所以作为社会存在的个体,人在其发展上必须具备符合一定社会关系的道德品质。[①]

2. 联合国教科文组织培养"完善的人"的教育思想

1972 年,联合国教科文组织在《学会生存:教育世界的今天和明天》中指出,教育的目标就是要培养出完善的人。1996 年,联合国教科文组织在《教育:财富蕴藏其中》中提出,教育应以学会认知、学会做事、学会共同生活、学会生存为支柱,培养全面发展的人,并进一步指出"教育应当促进每个人的全面发展,即身心、智力、敏感性、审美意识、个人责任感、精神价值等方面的发展。应该使每个人尤其借助于青年时代所受的教育,能够形成一种独立自主的、富有批判精神的思想意识,以及培养自己的判断能力,以使他自己确定在人生的各种不同的

---

① 林珑.高中综合素质评价的哲学思考[J].基础教育参考,2007,(10).

情况下做他认为应该做的事情"①。

可以看出,综合素质评价背后的哲学基础,就是要培养全面发展的完善的人。

(二)脑科学基础

1.左右脑分工

20世纪50年代,美国加州理工学院的斯佩里和他的学生进行动物裂脑实验研究。进一步的研究发现,大脑左右半球具有相对独立的意识活动,左脑负责语言和逻辑思维,而右脑通过表象代替语言来思维,做一些难以换成词语的工作。通常,大脑两半球合作完成工作。1981年,斯佩里因"左右脑分工理论"荣获诺贝尔生理学或医学奖。②

2.大脑认知功能模块论

大脑的认知功能由多种不同的模块组成。脑科学的研究表明,人脑不同的区域会发挥不同的作用,人的情感、认识、行为和决策等都与人脑发生的生物过程有关系。

脑科学的发展进一步深化了其对教育的影响。教育要重视人脑的全面开发,既要训练数学、推理等逻辑思维,又要训练音乐、图像等形象思维,充分发挥大脑的潜力,改变过去教育只注重记忆训练和逻辑思维,忽视形象思维和情感能力的培养的状况,后者是学生今后成功的重要因素。同时,教育评价也必须做出改变,将评价的维度进一步拓展,促进学生形象思维和情感能力的培育。脑科学的研究为全面育人、全面发展提供了生理学的依据,是我们开展综合素质评价的科学基础。

(三)心理学基础

1.智力测验与非智力因素

在多元智能提出之前,人们对智力的理解主要来自智力测试。

智力测量始于19世纪80年代,英国生物学家高尔顿是智力测量的第一人。1905年法国心理学家比奈和西蒙编制了世界上第一份正规的智力测验量

---

① 刘宝存.创新人才理念的国际比较[J].比较教育研究,2003,(5).
② 张治.大数据背景下普通高中综合素质评价研究[M].上海:上海教育出版社,2020.

表——比奈-西蒙智力量表。在高尔顿、比奈、西蒙等人的研究基础上诞生了"智商"的概念,即用数值来表示人的智力水平。1935年,美国心理学家亚历山大提出"非智力因素"的概念,非智力因素是记忆力、注意力、观察力、想象力、思维力等智力因素之外的一切心理因素,非智力因素的内容主要包括动机、兴趣、情感、意志、性格等,是能够直接影响智力发展的意向性因素。

2.多元智能理论诞生

多元智能理论是加德纳于1983年提出的,并在以后的时间多次加以发展。该理论认为,智能是解决某一问题或创造某种产品的能力,而这一问题或这种产品在某一特定文化或特定环境中是被认为有价值的。就其基本结构来说,智能是多元的,每个人身上至少存在七项智能,即语言智能、数理逻辑智能、音乐智能、空间智能、身体运动智能、人际交往智能、自我认识智能。智能的分类也不仅仅局限于这七项,随着研究的深入,学者会鉴别出更多的智能类型或者对原有智能分类加以修改,如加德纳于1996年就提出了第八种智能——认识自然的智能。[①] 多元智能理论倡导弹性的、多因素组合的智力观;提倡全面的、多样化的人才观;倡导积极的、平等的学生观;倡导个性化的因材施教的教育观;提倡多种多样的、以评价促发展的评价观以及未来学校观。

多元智能理论是我国教育评价制度改革的理论基础之一。综合素质评价回应了多元智能理论对学生评价提出的新要求。

(四)教育评价学基础

教育评价是美国的教育家泰勒在1929年首次提出的,泰勒根据美国进步教育协会1933—1940年在中等教育方面开展的一项调查研究活动提出了以下五点建议:

第一,教育是改变人类行为的过程,学校对于学生行为改变的各种愿望便是教育目标,教育评价就是达到教育目标的过程;

第二,评价必须注意学生学习的各个领域,包括改造人类行为类型或变化人类气质等方面,不能只着眼于知识灌输;

第三,评价的功能在于促进学生在上述各方面的发展,使学校、学生自身以

---

① 加德纳.多元智能[M].沈致隆,译.北京:新华出版社,1999.

及学生家长对学生进行有效指导；

第四，评价的手段应不限于口试或笔试，许多目标必须进行广泛而持续的观察、调查、测验和评定，才能达到适当的评价；

第五，考察方法对现实教育目标有极大的影响，如果使用方法不当，往往会使教育走上不正确的方向，而单纯注重知识传授可能就是一种严重后果。

布鲁姆将教育目标划分为认知领域、情感领域和动作技能领域，它们共同构成教育目标体系。其中，认知领域的教育目标可以细分为六个层级，从低到高分别为：知道（知识）、领会（理解）、应用、分析、综合、评价。

二、基于大数据的小学生综合素养评价的整体结构

（一）小学生综合素养评价体系的基本构成

依据 2017 年中共中央办公厅、国务院办公厅印发的《关于深化教育体制机制改革的意见》中对学生关键能力的界定，结合我校育人目标和学生身心发展的阶段性特征，基于"大数据"，引入先进的信息技术，通过可穿戴设备，以手机、平板电脑、电脑为客户端，开发相应的软件，建立包括评价指标体系、应用实施体系、发展激励体系和信息系统四大系统的科学的小学生综合素养评价体系。

通过教师评价、家长评价、自我评价、同伴互评等多元主体评价，全面采集、存储、传递、汇总学生学习生活过程的数据信息，并对评价数据进行挖掘和分析，以"培养学生关键能力"为目的，突出评价的激励与调控功能，关注学生的发展需要，激发学生的内在发展动力，促进学生综合素养不断发展。

"基于大数据的小学生综合素质评价体系"的整体研究由四个部分组成：评价指标体系是将培养目标进行行为化转换后形成的评价依据；信息系统是基于大数据的信息汇聚结构；应用实施体系是评价体系的落实操作结构；发展激励体系是评价结果运用于学生激励的结构（图 1.1）。四个部分分别聚焦评价准则、评价信息、评价实施、评价结果运用，这样的结构是以教育评价的基本过程为依据的。

（二）四大部分的功能作用以及运行

1. 小学生综合素养评价体系的评价指标体系

本研究中小学生综合素质评价的指标体系构建，主要有三个依据：第一是

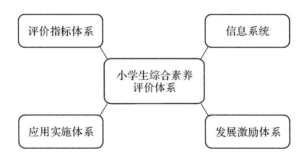

图 1.1 小学生综合素养评价体系基本构成

2017 年中共中央办公厅、国务院办公厅印发的《关于深化教育体制机制改革的意见》中对学生关键能力的界定;第二是我校的育人目标,即"把学生培养成为会生活、有情趣、敢担当、能创造,具有远大目标与理想,能脚踏实地做好每一件小事,拥有人文气质、山海品格的现代小学生";第三是充分考虑小学生身心发展的阶段性特征。

我们把以上三个依据的要求列出来,初步形成整体指标体系结构,通过全面优化后的试评试测,不断修改完善评价维度及操作细则,然后实施师评、互评、自评、家长评价等多元评价,突出评价的激励与调控功能,不断征询各方面的意见和发现存在的问题,以此建立一套全面科学的评价指标体系。

经过一年多努力,我们最终确定了以"会生活、有情趣、敢担当、能创造"四大关键素养为核心,以"有爱心、讲诚信、勇负责、善理解、懂感恩、会合作、通事理、重环保、好探究、能悦纳、律言行、常反思"十二美德为主要特征,以"懂常识、能自理、善沟通、好运动、有理想、能自律、会学习、喜探究、有爱心、重环保、通才艺、懂礼仪、善组织、勇负责、善合作、乐实践"十六表现为具体表现和采集点的小学生综合素养评价指标体系。

依据国家政策方针和时代对人才的要求,以及我校育人目标形成的评价指标体系更具有科学性、全面性和发展性。评价指标体系是小学生综合评价体系的基础,评价指标体系的确立使整个评价体系有据可依。评价指标体系的十六表现囊括了学生关键能力的方方面面,有利于全面科学地评价学生;根据不同年级学生的身心发展特点,细化的评价指标以发展的眼光看待学生,有利于提高评价的科学性和针对性,有利于教师更好地因材施教。评价指标体系为教学评价提供了有力抓手,为教师教学提供了导向,从而可以更有效地指导教育教学。

2.小学生综合素养评价体系的应用实施体系

评价实施是评价指标的运行落实,小学生综合素养评价体系的应用实施体系包括实施目标、实施组织、评价主体、评价媒介和反馈形式。

基于"全面提升小学生综合素养,实现学校育人目标"的实施目标,确定采用学校(校长)统筹、部门分管、年级落实、教研组跟进、老师分层评价、家长学生参与的应用实施体系。

应用实施体系实施校长负责制,由校长统领全校进行评价系统的研发研究、实践宣传等工作,同时各部门分工实施:学生发展中心总体负责德育评价工作;教学发展中心总体负责智育评价工作;体卫艺中心总体负责体育艺术卫生教育工作;科创中心总体负责科技创新教育和信息基础支持工作;人力资源中心负责小学生综合素养评价系统教师培训工作;综合发展中心负责与评价系统相关的经验总结、宣传推广等工作;各年级组负责各年级班主任管理评价;教研组针对学科特点,开展有针对性的学科素养评价。各部门分工明确,相互配合,确保小学生综合素养评价体系在学校教育教学中有序有效落实。

应用实施体系的评价主体包括老师、家长和学生。其中,老师包括学科老师、班主任老师和护导老师。学科老师根据学科特点确定评价素养采集点并对学生进行评价;班主任老师根据学生平时表现,进行德育相关评价;护导老师针对护导过程中发现的问题,对应相应的素养采集点对学生进行评分。家长可通过系统的家长端,结合学生平日和假期居家表现对孩子进行"点赞",同时学生也可以针对自己和同学的发展情况进行自评与互评。多样化的评价主体提高了评价的公平性、自主性,为学科教学、班级管理、家校沟通提供了重要抓手,也为学生更全面地了解自己、提高自己提供了途径。

小学生综合素养评价系统采用包括点赞、打卡、闯关、拍照等多种方式进行数据采集,凸显数据的科学性和客观性;同时允许利用电脑、平板电脑、手机等媒介随时随地进行评价,大大提高了评价的便利性;根据学生的素养采集可形成个人诊断书、评分点赞报表、大数据等形式的反馈,可更有效地指导教育教学。基于大数据的小学生综合素养评价应用实施体系的建立,使整个评价体系扎实落地,真正促进学生综合素养的提高。

3.小学生综合素养评价系统的发展激励体系

本研究注重小学生综合素养评价系统对学生的发展激励作用,依据学生心理特点和发展需求,形成包括精神激励和物质激励两个层面的发展激励体系,发挥、提升小学生综合素养评价系统的激励作用。

精神激励包括"争星晋级"和"心愿兑换"两种形式。"争星晋级"是少先队雏鹰争章评价的校本化体现,学生通过积攒评价数量,换取不同级别的雏鹰章,最终实现自我发展价值;"心愿兑换"是学生在学校设置的"星币商城"内用电子星币兑换个人心愿,包括"做一次路队长""免当天作业""与喜欢的老师合影"等。

物质激励是通过设置学校"星币商城",将学生评价积分换算为电子星币,学生可在商城中获得学具使用权、兑换礼品,满足学生的个人需求,不同的等级的学生可兑换不同的商品,教师可在后台对各类商品设置单价、描述和库存数量。

发展激励体系可有效调动学生的积极性和主动性,使学生不断认识自我、发现自我、完善自我,促进学生的个性化发展和终身发展,促进教育教学工作有效开展。教师根据学生积分使用数据,判断学生发展特点,指导教育教学工作。

4.小学生综合素养评价系统的信息系统

以评价体系为研发基础,联合信息技术公司研发学生佩戴的具备评价、运动量记录等功能的可穿戴设备,开发手机、平板电脑、电脑相应的评价软件,以及实现采集、存储、传递、整理、分析学生学习生活过程的数据信息的平台系统,形成包括数据设置、数据采集、数据处理和结论呈现等方面的信息系统。

数据设置方面,信息系统采用身份认证、授权和保护敏感数据等方法对不同采集者设置不同权限,保证信息的安全性、完整性和有效性;数据采集方面,依据评价指标体系中不同的表现性指标,保证表现性数据的采集主体、采集方式、采集时间的多样性,同时保证数据的多样性和完整性,并通过设计云计算环境下的数据采集系统,保证数据存储的实时性和保密性;数据处理方面,综合运用多种数据算法,对数据进行提炼加工,使数据更具说服力,使评价更具公平性,使基于数据的决策更具科学性,充分体现教学评价工作的价值和意义;结果呈现方面,呈现包括统计、对比图形等多种形式的数据可视化结果,使校长、部门负责人、教师、学生、家长享受到高质量的信息服务,有效促进学校管理、教育教学、学生自身发展、家校合作,提升各方参与和关注教学评价的积极性。

(三)四大系统的内在联系

评价指标体系、应用实施体系、发展激励体系和信息系统共同构成了小学生综合素养评价体系,其中:评价指标体系是小学生综合素养评价体系的基础和依据,其设置和确立使小学生综合素养评价体系有据可依,使评价体系更具科学性、全面性;应用实施体系是小学生综合素养评价体系的核心,它规定了学校各部门组织、评价主体如何实施应用评价体系,使小学生综合素养评价体系得以扎实有效落地;发展激励体系对评价体系的发展起着有效的促进和推动作用,可有效地激发学生的主观能动性,从而促进学生个体发展,使评价更好地指导和作用于教育教学工作;信息系统为小学生综合素养评价体系提供了强有力的技术支持和保障,科学、公平、全面的数据汇总、数据算法、计算处理和结论输出保障了评价体系的有效实施,提升了评价体系中各方参与和关注教学的积极性,在促进学校管理、教育教学、学生自身发展、家校合作等方面发挥着不可或缺的作用。

目前的评价多数就事论事,重视数据收集而轻视数据的内涵,而基于大数据的小学生综合素养评价体系的评价指标体系、应用实施体系、发展激励体系、信息系统四个部分相互支持,相互作用,缺一不可。

第二章 基于大数据的小学生综合素养评价体系设计

第一节 基于大数据的小学生综合素养评价体系设计原则与整体框架

一、小学生综合素养评价体系设计原则

(一)发展性原则

随着教育体制机制改革的不断推进,各级各类教育始终秉承更加符合教育规律、更加符合人才成长规律、更能促进人的全面发展的教育战略,着力培养德智、体、美全面发展的社会主义建设者和接班人,为实现"两个一百年"奋斗目标、实现中华民族伟大复兴的中国梦奠定坚实基础。青岛市崂山区第二实验小学建校以来,紧跟国家教育政策,结合青岛市、崂山区教育特色,秉承"让生活走进学校,让教育回归生活"的办学理念,通过教育与生活的紧密结合,打造合乎现实生活需要、服务孩子现实生活的教育,将学校教育立足于孩子对现实生活的认知与体验,以此增强孩子学习的兴趣与动机。这些正是设计基于大数据的小学生综合素养评价体系的坚实基础。评价体系的设立是为了能够更好地对

学生进行全面评价,根据评价结果对学校和家庭教育进行有针对性的指导,从而促进学生核心素养的不断提升。

(二)科学性原则

评价体系根据 2017 年中共中央办公厅、国务院办公厅印发的《关于深化教育体制机制改革的意见》中对学生关键能力的界定,结合我校育人目标和学生身心发展的阶段性特征,围绕"会生活、有情趣、敢担当、能创造"四个关键能力,将其分解为"十二美德",形成"十六表现",根据不同年级小学生的身心发展特点,将"十六表现"进一步细化为不同年级学生的评价指标,形成关键行为特征,从而建立科学完善的学生评价体系。通过自我评价、同伴评价、教师评价、家长评价等多元主体评价,学校表现、知识过关、能力展示、家长反馈等多渠道,全面采集、存储、传递、汇总学生学习生活过程的数据信息,并对评价数据进行挖掘和分析,实现评价内容的多维、评价方式的多样、评价主体的多元,从而全面落实立德树人,将国家提出的学生关键能力培养在校本化的过程中真正落地,实现学生的全面发展。

(三)客观性原则

为了避免以往评价过于主观等因素的影响,维持评价的客观性,基于大数据的小学生综合素养评价系统应运而生。该评价系统具有如下优点。

第一,及时评价,收集第一手评价结果。小学生综合素养评价系统为及时评价提供了技术支持,避免了因延迟评价而产生的结果误差。课堂是教育教学的主阵地,课堂教学收到了很好的效果。教师在课堂上用平板电脑等随时对孩子的各项表现进行评价,记录孩子们课堂上的每一个精彩瞬间,激发学生主动学习的愿望与兴趣,促使其养成良好的学习习惯。教室里的"班班通"大屏幕上即时显现教师对被评价学生的评价内容,实现评价的可视性,极大地提高了学生的学习积极性。

第二,收集真实客观数据。评价体系科学全面,凸显综合素养评价的可实践性。数据分析诊断有助于发现教育教学中的优势和问题,调整改进教育教学行为;针对学生个体,系统通过分析学生个体数据,关注学生的个性差异、发展需要和潜在能力,促进学生个性化的发展。小学阶段结束后,可以形成一个个学生自身发展的数据资源包,为学生家长、学校以及社会提供科学的数据分析,协助判断学生的思维方式、学习成绩、爱好特长等,帮助学生成长为未来社会真正具有竞争力的人才。

(四)自主性原则

评价体系中学生是重要评价主体之一。评价结果不仅是学生对自己某阶段某要素的评分,而且旨在激励学生树立正确的自我认知,在自我评价中不断反思,从而促进自我发展。小学生综合素养评价系统始终坚持自主性原则,其中涉及自我评价的表现有会生活(懂常识)、会生活(重环保)、有情趣(善沟通)、敢担当(有理想)等。通过参与自我评价的过程,学生可以对自我发展有清晰的意识,开始关注自我需要提升的地方。在评价的同时,学生可以获得自主感、参与感,评价过程渗透独立自主的学习和生活意识,有利于培养学生的主人翁精神。

(五)公平性原则

公平是评价者和被评价者在评价活动中所追求的重要方面。对评价者而言,要求评价者在评价活动中应以正义、公平的观念指导自己的评价行为。本评价体系和实施系统全程坚持公平性原则,主要体现在以下几个方面。

1.评价主体的公平

评价主体包括学生、班主任、任课教师、家长、家委会等。大多评价内容需要多个主体进行分阶段评价,综合选取评价结果。评价主体的多样性体现了评价主体的公平。

2.评价内容的公平

评价内容涉及四大素养及其十六表现,涉及生活、学习、艺术、人际、组织、安全等多方面内容,充分涵盖核心素养指标。中国学生发展核心素养,以"全面发展的人"为核心,包含文化基础、自主发展、社会参与三个方面,综合表现为人文底蕴、科学精神、学会学习、健康生活、责任担当、实践创新六大素养。[1] 评价体系中均有涉及,这就体现了评价内容的公平。

---

[1]　核心素养研究课题组.中国学生发展核心素养[J].中国教育学刊,2016,(10).

3.评价方式的公平

评价方式包括评分点赞、问卷反馈、知识闯关、拍照录入、打卡计数、输入统计、活动展示等,旨在通过多方式、全方位的评价,减少因评价方式单一产生的评价误差。同时,多种评价方式也符合不同评价者的年龄特点,能够最大限度维护评价的公平性。

4.评价过程的公平

借助小学生综合素养评价系统,评价者可以实现及时评价,避免评价出现时间误差。部分评价方式,如评分点赞,评价当下学生就能看到评价结果。家长可以通过家长端实时收到教师对学生的评价。这些都是评价过程公平的体现。

5.评价结果分析的公平

小学生综合素养评价系统后台可实现评价结果的逻辑运算,并根据需要进行结果分析,评价者只需要根据需要设计算法,让系统自主运行分析,最终调出结果查看即可,避免在分析结果过程中出现的误差。这就是评价结果分析的公平。我们力求达到相对公平,从真实数据中发掘学生的成长,促进学生的发展。

(六)激励性原则

评价体系考虑到小学生的身心发展状况以及评价本身对学生发展的激励作用,目前采用"争星晋级"和"星币商城"即精神奖励与物质奖励相结合的方式,根据不同学段设置不同的奖励。奖励不是目的,而是促进学生自我发现、自我成长的方式。评价体系坚持激励性原则,旨在通过有形和无形相结合的激励方式,激发学生对评价的重视,引导学生自主关注评价过程和结果,从结果中提取可以促进自身发展的因素,并努力付诸实践,最终由获得精神、物质奖励等外在动机逐步转化为自我提升和认知需要等内在动机。

(七)便利性原则

从评价体系来看,虽然涉及面较广,但小学生综合素养评价系统在设计之初就坚持便利性原则,尽可能减少评价者的评价工作,提高评价效率,避免了评价事项繁杂、评价过程重复、评价结果分析困难等对评价本身的影响。评价体系根据评价内容设置了不同的评价者,使评价更专业,更有针对性。评价时间和次数也做了合理规划,使评价结果更具有代表性。评价在手机端、平板电脑端、电脑端都可以进行实时操作,大大提升了评价的实效性和体验感。

（八）灵活性原则

小学生综合素养评价系统针对四大素养十六表现设置了评价采集点。这些评价采集点是依据当下学生的学习生活实际确定的,但并不意味着采集点就此确定不变。在系统设计之初,我们就考虑到采集点应随学情的变化而变化。所以,我们会在实践操作中,结合各个学段的实际对十六表现目标进行完善和更新,同时,紧密结合地市教育教学新规定和新政策,进行相对应的调整。例如,2018年10月,青岛市教育局出台《青岛市促进中小学生全面发展"十个一"项目行动计划》后,小学生综合素养评价系统就据其进行了采集点的完善。2020年上半年,全国人民万众一心对抗新型冠状病毒肺炎,相关的防疫常识也被我们加入到"会生活—懂常识"表现中。只有与时俱进,才能不断完善评价体系和系统,使之更好地为孩子们服务。

二、基于大数据的小学生综合素养系统整体框架

基于大数据的小学生综合素养评价系统,以评价指标为指导,将学生日常学习、生活、实践、活动中的表现,作为素养采集点,收集到大数据信息系统中,由系统给出数据分析图表,生成学生个体和群体的素养发展数字画像,教师依据数字画像有针对性地实施育人策略,达到促进学生素养发展、实现育人目标的目的。

它主要包含四大部分,即指标体系、信息系统、应用实施体系、发展激励体系(图2.1),它们功能、作用各不相同但又相互联系:指标体系提供了评价的依据,信息系统为评价提供强大的技术保障,应用实施体系让评价扎实落地,发展激励体系有效推动评价运用于学生激励。

（一）建立小学生综合素养评价指标体系

评价指标体系是我们研发小学生综合素养评价体系的核心和关键。想要实现以评价促发展,就要明确要培养怎样的人,学校管理层要明确,老师家长要明确,学生自己也要明确。根据当前教育改革的特点和趋势,结合我校的育人目标和生活教育理念,我们首先确定了培养学生的四大关键素养,即"会生活、

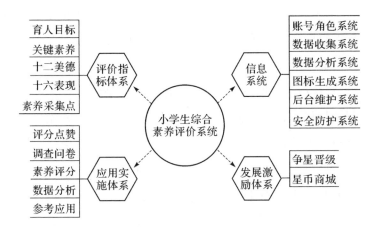

图 2.1　小学生综合素养评价系统整体框架

有情趣、敢担当、能创造"。为实现这四大关键素养在每一位学生的学习和生活实践中的可视可评,我们从学生对待社会、对待他人、对待自然、对待自己四方面确立"十二美德",形成"十六表现"。依据各个表现的特点,结合学情,分别设定了总目标和低、中、高三个学段的分目标及其表现,分年级搜集整理具有代表性的素养采集点及其评价指标,从而形成了小学生综合素养评价指标体系(评价指标体系对十六表现进行了详细解读,具体可参见第二章第二节)

(二)开发基于大数据的小学生综合素养评价信息系统

小学生综合素养评价系统是以大数据为依托,因此利用先进的信息技术手段实时采集、存储、传递、汇总学生学习生活过程的数据信息尤其重要。随着研究的逐步深入,我校联合网络信息技术公司,借助现有云平台,引入先进的大数据信息技术,研发了可穿戴设备,以及以手机、平板电脑、电脑为客户端的相应软件,研发了一套科学先进的小学生综合素养评价信息系统,利用技术手段,全面实现了大数据支撑下的实时评价。

小学生综合素养评价的信息系统包括账号角色系统、数据收集系统、数据分析系统、图标生成系统、后台维护系统、安全防护系统。账号角色系统将用户分成教师、系统管理员、商城管理员等角色,不同角色对基础数据有不同的增、删、改、查等权限。数据收集系统通过电脑端、手机端、平板电脑端保证数据采集的实时性、有效性,使评价系统的数据采集更加灵活。拍照录入、打卡计数、输入统计都是常见的数据采集方式。在小学生综合素养评价系统的研究过程中,注重对采集数据进行全面细致的分析,以实现对学生个性化的评价。个人诊断书、评分点赞报表、大数据反馈图表等向评价者提供分析诊断数据,指导教育教学。信息系统后台管理员可保障每个评价者顺利登录系统进行评价,可以随时增加、删减和修改评价,具有灵活性、安全性。信息系统设置不同的采集人,为了保证日后数据的可扩展性,十六种关键素养都设有增、删、改、查功能,但只有具有相应权限的人员才能操作,以保证数据的安全性、完整性。

(三)建立小学生综合素养评价系统应用实施体系

应用实施体系让评价真正在学生的生活、学习中扎实落地。结合教育教学和学生的日常实践活动,小学生综合素养评价系统应用实施体系包括评分点赞、调查问卷、素养评分、数据分析和参考应用。"评分点赞"将孩子的课堂表现实时记录下来,帮助教师及时发现每个的孩子的优缺点,引导孩子扬长避短;"调查问卷"主要考查学生知识技能的掌握情况,利用评价系统进行问卷调查,可及时呈现考核结果;教师、家长等评价者可根据学生平时的表现对学生某一素养采集点进行"素养评分",通过分析得分情况,教师、家长可以直观看到学生在学习、生活、实践等方面的优势和不足,对症下药,促进学生综合能力的提升;"数据分析"既可以帮助教师发现教育教学中的优势和问题,调整改进教育教学行为,又能让教师和家长全面客观地认识学生,促进学生的个性化发展;"参考应用"指我校在小学生综合素养评价系统逐步成熟之后,由选取实验年级分时段进行实验,到全校推广应用,不断发展完善评价系统的应用过程。

(四)构建基于大数据的小学生综合素养评价系统的发展激励体系

激励学生自我成长和自我调整是评价的目的之一,提升学生的综合素质、促进学生的全面发展是评价的最终目标,因此我们重视对小学生综合素养评价系统的发展激励体系的构建。依据学生心理特点和发展需求,在发展激励体系中,主要采取"争星晋级"和"星币商城"这两种激励方式,学生可根据数据积分的多少换取物质和精神奖励,这极大调动了学生积极性,提高了学生的自我管理能力,促进评价系统的良性循环。

第二节　基于大数据的小学生综合素养评价指标体系

一、小学生综合素养评价指标研究过程

如何更好地实现育人目标,提升学生的综合素养,让每个孩子成为最好的自己,是我们一直在思考的问题。评价是教育教学的重要过程和组成部分,对学生成长发挥着巨大的推动作用。基于这样的思考,2015 年 7 月,我们提出了"小学生综合素养评价研究"课题。

一开始,研究确定了德育发展、学业成就、实践活动、身心健康四大方面的评价内容,并构建了信息采集系统。在实验应用中,我们发现了一些问题:

第一,小学生综合素养评价系统的评价细则没有体现学生不同年龄段的特点,不利于实现每个学生的个性化评价与发展。

第二,随着国家对于关键能力(核心素养)的重视,学生关键能力的培养对学生个人成长和社会发展具有重要价值,而其在评价维度没能很好地体现,评价激励对于实现学校育人目标没有针对性。

课题组领导小组和专家经过反复研究,经历了文献分析、目标解读、框架构建、专家指导、思维碰撞、讨论修改、实验完善等过程,最终形成了完整的基于大数据的小学生综合素养评价指标体系。

二、基于大数据的小学生综合素养评价指标体系

(一)小学生综合素养评价指标体系概述

青岛市崂山区第二实验小学的育人目标是"把学生培养成为会生活、有情趣、敢担当、能创造,具有远大目标与理想,能脚踏实地做好每一件小事,拥有人文气质、山海品格的现代小学生",结合当前教育改革的特点与趋势,学校力图为每一个学生打下"二实小烙印",即"会生活、有情趣、敢担当、能创造",这就是培养学生的四大"关键素养"。

这四大关键素养结合小学阶段教育的特点,全面融入社会主义核心价值观

教育的内容要求,可以确立崂山区第二实验小学学生发展的表现性指标特征,这些表现性指标特征是评价的基础,也是"四大关键素养"的具体化要求。表现性特征主要从学生对待社会、对待他人、对待自然、对待自己四方面进行确立,综合起来表现在十二个方面,可以称为"崂山实验二小学生的十二美德":对待社会——有爱心、讲诚信、勇负责;对待他人——善理解、懂感恩、会合作;对待自然——通事理、重环保、好探究;对待自己——能悦纳、律言行、常反思。

围绕"四大关键素养"的养成,构建基于"十二美德"的学校育人目标体系的结构框架,我们将"十二美德"显性化为学生发展的"十六表现",从而形成学生发展的目标体系及其表现性评价指标(表 2.1)。

表 2.1 崂山区第二实验小学学生培养目标体系

四大关键素养	会生活		有情趣		敢担当		能创造	
十二美德	有爱心、讲诚信、勇负责;善理解、懂感恩、会合作;通事理、重生态、好探究;能悦纳、律言行、常反思							
十六表现	懂常识	能自理	善沟通	好运动	有理想	能自律	会学习	喜探究
	有爱心	重环保	通才艺	懂礼仪	善组织	勇负责	善合作	乐实践

(二)小学生综合素养评价指标内容解读

小学生综合素养评价指标以体系中的四大关键素养和十六表现为基础。接下来以"会生活"以及"会生活——能自理"为例,解读评价指标的设计逻辑、意义和作用(表 2.2)。

表 2.2 "会生活——能自理"解读

会生活	"能自理"
能力解读	"自理"是指自我照管料理,解决自己的问题,照顾好自己的生活 "能自理"指学生具备一定的自我照管料理的能力:在生活上能自己处理日常生活琐事;人际关系上能处理好与他人之间的关系;心态上能承受各种压力;学习上能独立思考、独立理解。学生养成良好的生活和劳动习惯,形成和谐人际关系,心态良好,能够自己的事情自己做,料理和安排好自己的生活和学习,具备独立自主的品质

会生活	"能自理"
总目标	学生具有自理意识,知道自己的事情应该自己做 具备一定自理能力,学习生活自理、学习自理、心理自理等方面的知识和技能;能够将学习的知识和技能运用到实际生活中,在日常生活中料理好自己的生活,并形成良好的习惯
学段目标 及表现	低年级:①初步培养学生的生活自理能力,树立自己事情自己做的意识;②初步学习力所能及的知识和技能;③运用所学技能,照顾自己 中年级:①进一步培养学生的自理意识,学生愿意自己解决生活和学习中出现的问题;②进一步培养和提高学生的自理能力,学生会做一些简单的家务 高年级:①学生逐步养成自理意识,并形成自理习惯;②进一步培养和提高学生的自理能力,学生会做一些复杂的家务,生活中能够自己的事情自己做;③学生将所学技能运用到实际生活中,能解决好在人际交往中出现的问题,具备独自承担各种压力的能力(各年段表现、六个年级具体的素养采集点及评分标准略)

(三)关键素养(以"会生活"为例)

"会生活"包括"懂常识""有爱心""重环保""能自理"。

"懂常识"指学生要具备与自己生活相关的基本知识,包括安全、健康、法律、劳动、礼仪等方面的常识。通过学习和掌握这些常识,规范和指导自己的行为,从而学会更好地生活。

"有爱心"指的是学生具有一颗向善之心,具有关爱他人的道德情感,能在学习和生活中,关心关爱他人,帮助服务他人,能爱己、爱人、爱家、爱国、爱社会。有爱心是一个人最基本的社会品德,是个人对他人和社会认同与融合的基础。

"重环保"是指学生具备环保素养,能关注家庭、社区、国家和全球面临的环境问题,能正确认识个人、社会和自然之间相互依存的关系;积极获取环保知识和技能,养成有益于环境的情感、态度和价值观;积极参与有关环境保护的决策和行动,成为具有社会实践能力的有环保责任感的公民。借此,学校将"绿水青山就是金山银山"的理念深深根植于学生心中。

"能自理"指学生具备一定的自我照管料理的能力。学生在生活上能自己处理日常生活琐事;人际关系上能处理好与他人之间的关系;心态上能承受各种压力;学习上能独立思考、独立理解。学生养成良好的生活和劳动习惯,形成和谐人际关系,心态良好,能够自己的事情自己做,料理和安排好自己的生活和学习,具备独立自主的品质。

我们希望借助评价系统,引导学生逐步成为"会生活"的人。

小学生综合素养评价指标中的四大关键素养,都分别有四种主要表现。四种表现的选取结合我校育人目标(会生活)和办学理念(让生活走进学校,让教育回归生活)以及我校学情。表现既体现我校育人目标和理念,也进一步推动育人目标的实现。

(四)素养表现

素养表现包括能力解读、表现的总目标、学段目标、具体采集点(分年级)。

能力解读包括对素养概念本身的解读(如"自理")和对完成该素养所具备能力的解读(如"能自理")。帮助评价者从理论角度理解素养内涵。总目标是指学生小学生活结束后,在该表现上应该达到的水平。小学分为低、中、高三个年级段,每阶段都具有独特的学情。所以,在总目标的基础上,我们又设置了阶段分目标,帮助评价者更好地结合阶段学情进行更科学的评价。针对不同年级学生的特点,制定相应的具体采集点。而这些采集点是螺旋上升的,能够随着学生自身的发展提高相应的要求,符合学生成长的身心特征。同时,目标和表现既能作为评价指标,又能为教育者提供教育指导。

以"会生活——能自理"为例:

一年级的采集点为"开展收拾书包比赛,评选'收纳小能手'"和"会收拾自己的小橱子和课桌,有序摆放物品";二年级的采集点为"能简单清扫教室卫生,保持自己周围的地面整洁"和"在家会自己收拾书桌、衣柜,会叠被子,能保持自己的房间干净整洁";三年级的采集点为"能通过合作有序地完成教室的清理工作"和"讲究个人卫生,能清洗手帕、袜子等小衣物"。

第一,每个年级的表现都是符合学龄特点的。一年级学生处在幼儿园和小学的过渡期,首要目标是建立良好的学习生活习惯,为接下来的学习打好基础。所以在表现选取上,我们采用学生喜欢的小比赛考查其收纳能力,收纳范围也以学生身边环境为主。

第二,年级和年级之间,考察能力逐步螺旋上升。一年级的自理范围以周边为主。到了二年级,就需要学生能够扩大自理范围,由周边过渡到整个教室乃至家中。同时,一年级的能力在于"收拾",二年级的能力在于"清扫、保持",三年级的能力在于"合作、有序完成",对学生能力的要求也是随着年级的提升而逐步提高的。

第三节 基于大数据的小学生综合素养评价实施体系

学校是实施素质教育的主要阵地,观念更新、课程改革、考试评价改革等只有通过学校,真正转化为内在追求,才能得到贯彻落实。[①] 学校评价在深化教育改革全面推进素质教育中,具有重要作用(图2.2)。所以,只有小学生综合素养评价系统的规范得到标准化实施,才会真正起到提升学生综合素养的作用。

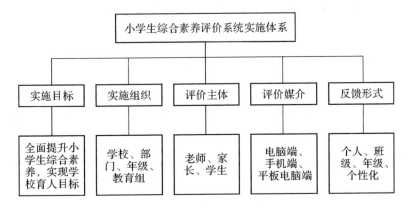

图 2.2 小学生综合素养评价系统实施体系

一、基于大数据的小学生综合素养评价系统实施目标

崂山区第二实验小学的育人目标是"把学生培养成为会生活、有情趣、敢担当、能创造,具有远大目标与理想,能脚踏实地做好每一件小事,拥有人文气质、山海品格的现代小学生",结合我校育人目标和学生身心发展的阶段性特征,小学生综合素养评价系统以"培养学生关键能力"为目的,突出评价的激励与调控

① 中共中央办公厅,国务院办公厅.加快推进教育现代化实施方案(2018—2022)[EB/OL].(2019-02-13). http://xkjs.neu.edu.cn/2020/0309/c3685a165617/page.htm.

功能,关注每一位学生的发展需要,激发每一位学生的内在发展动力,促进学生综合素养不断提升,让每位学生成为最好的自己,最终达到全面提升小学生综合素养的育人目标。

二、基于大数据的小学生综合素养评价系统实施原则

(一)多重数据采集,保障综合素养评价数据基础

我们的技术构思是引入先进的信息技术,通过可穿戴设备,以手机、平板电脑、电脑为客户端,开发相应的软件,建立科学的小学生综合素养评价体系。通过点赞评分、打卡计数、表格导入等多种方式采集评价数据,全面采集、存储、传递、汇总学生学习生活过程的数据信息,并对评价数据进行挖掘和分析,突出评价的激励与调控功能,促进学生综合素养不断提升。

(二)多维评价内容,凸显综合素养评价系统科学

学校围绕"会生活、有情趣、敢担当、能创造"这四大关键素养,结合小学阶段教育的特点,全面融入社会主义核心价值观教育的内容要求,确立了崂山区第二实验小学学生发展的表现性指标特征,这些表现性指标特征主要从学生对待社会、对待他人、对待自然、对待自己四方面进行确立,综合起来表现在十二个方面,可以称为"崂山实验二小学生的十二美德"。我们评价学生的最终目标是促进小学生综合素养的发展,即实现我校的育人目标:会生活、有情趣、敢担当、能创造,具有远大目标与理想,能够脚踏实地做好每一件小事,拥有人文气质、山海品格的现代小学生。

(三)多元评价方式,体现综合素养评价的公平公正

通过学校表现、知识过关、能力展示、家长反馈等多渠道,采用教师、家长、同伴、自我多元评价,全面采集、存储、传递、汇总学生学习生活过程数据信息,分析学生的各方面表现数据。学生家长老师通过信息软件,直观看到学生在学习生活实践等方面的优势、不足,指导学生学习生活,帮助学生全面发展,促进学生综合素养的提升。

(四)多样结果呈现,实现综合素养评价作用

评价数据分析后,通过手机端学生个体诊断报告,学校、年级、班级、个人大数据图标,可筛选的评价报表等呈现形式,服务不同的教育对象,发挥重大作

用。学校、老师、家长等发现教育教学中的优势和问题,调整改进教育教学行为;针对学生个体,通过分析学生个体数据,关注学生的个性差异、发展需要和潜在能力,促进学生个性化发展。小学阶段结束后,最终形成一个个学生自身发展的数据资源包,为学生家长、学校以及社会提供科学的数据分析,了解学生的思维方式、学习成绩、爱好特长等,帮助学生成长为未来社会真正具有竞争力的人才。

三、基于大数据的小学生综合素养评价系统实施体系

基于大数据的小学生综合素养评价系统采用学校(校长)统筹、部门分管、年级落实、教研组跟进、老师分层评价、家长学生参与的应用实施制度。

(一)校长负责制

小学生综合素养评价系统研究以来,由校长统领全校的评价系统的研发研究实践宣传等工作。

(二)部门分工实施

学生发展中心总体负责德育评价工作。根据学校德育工作要求,组织开展丰富多彩的德育教育活动、少先队工作、心理工作、家校共育工作等,部署德育评价,并根据数据分析结果,跟进落实德育教育。

教学发展中心总体负责智育评价工作。根据学校智育工作要求,组织开展课堂教学、学科实践活动、N＋1项目学习、阅读节等工作,部署智育评价,并根据数据分析结果,跟进落实智育教育。

体卫艺中心总体负责体育艺术卫生教育工作。根据学校体育美育等工作要求,组织开展运动会、艺术节、卫生教育、体艺社团等工作,部署体育美育等评价,并根据数据分析结果,跟进落实体艺等教育。

科创中心总体负责科技创新教育、信息技术支持工作。根据学校工作要求,开展科技节、科技社团等工作,部署科技教育评价,并根据数据分析结果,跟进落实德育教育,提供信息技术支持。

人力资源中心负责小学生综合素养评价系统教师培训工作。根据小学生综合素养评价系统要求,开展各种形式的教师评价培训,提升教师评价系统使用能力和素养。

综合发展中心负责小学生综合素养评价系统相关的经验总结、宣传推广等

工作,并负责小学生综合素养评价系统硬件支持更新维修等工作。

年级组负责各年级班主任管理评价,结合各年级特点,组织开展年级班主任进行评价,并根据评价结果,调控教育教学行为。在实施过程中,班主任对家长进行培训,使家长明晰小学生综合素养评价系统的作用和使用途径。学校家庭共同评价,采取激励措施,使学生不断认识自我、发现自我、完善自我,不断提高综合素养。每周、每月、每学期,班主任老师会定期向年级反馈该评价系统的使用情况,年级主任汇总数据信息,上报学校。

教研组针对学科特点,开展有针对性的学科素养评价。如美术教研组主要针对"有情趣——通才艺"这一素养采集点进行评价,培养学生才艺素养的意识,让学生能够积极主动学习各种领域的才能和技艺,能够在才艺的学习与实践中陶冶情操,提高赏析和审美能力,发展创新思维,培养核心素养。

四、基于大数据的小学生综合素养评价系统实施评价主体

(一)老师

小学生综合素养评价系统对教育教学有着重要意义,教师是评价的主要实施者。教师利用该评价系统全面采集、存储、传递、汇总学生学习生活过程的数据信息,分析学生的各方面表现数据,直观看到学生在学习生活实践等方面的优势、不足,指导学生学习生活,帮助学生全面发展,促进学生综合素养的提升,优化教育教学。

1.学科老师

根据学科特点确定评价素养采集点,不同学科素养采集点侧重不同,多数学科老师主要通过平板电脑和评价系统电脑端,对学生在学科活动中表现的素养点进行评价。根据数据分析结果,适时调整教学策略。依据不同学生的评价结果,进行分层教学成个性化指导。

2.班主任

班主任老师根据学生平时表现,进行班级管理和德育等方面的相关评价。该评价系统实操性较强,班主任老师可运用多种评价端进行及时评价点赞,并可以展示给学生,拥有较强的激励作用,有利于对学生进行有效的德育教育。通过向家长反馈评价数据,可使家长全面掌握孩子在校学习情况,指导家长也

对孩子进行评价,进一步巩固家校沟通。

3. 护导老师

护导老师每天都会在各自的岗位巡视。护导过程中,无论是学生在校园内文明有礼,还是打闹嬉戏,破坏校园秩序,护导老师都可利用手机端随时随地针对相应的素养采集点对学生进行评分,班主任老师也能间接通过评分了解孩子的表现,这样既能将护导工作落实做细,又能保障学生课下有秩序地开展有意义的活动,有利于形成良好的校风学风。

(二)家长

为了实现我校的育人目标,让孩子更好地成长,学校一直坚持家校合作。我们的评价系统不仅面向全校师生,也向家长开放。通过家长端,家长既可以看到学生获得的评价情况,了解孩子的在校表现,也可以针对相应的素养采集点对孩子进行评价。

为充分实现小学生综合素养评价系统对孩子成长的促进作用,学校结合寒假里学生的安全、学习、劳动、锻炼相关的要求,制定了五个寒假家庭教育的评价素养点,如"寒假期间能做到不燃放烟花爆竹"等。

疫情当前,假期延长,为了让孩子居家学习生活有所得、有所获。学校还启动疫情"居家学习生活"素养评价,利用小学生综合素养评价系统更好地引导学生在居家学习生活中不断成长,更好地记录孩子的成长足迹。帮助家长进行居家学习指导,共同督促学生自主、自律完成居家学习任务,养成正确的生活和学习习惯。

(三)学生

传统的评价方式以教师、家长为评价主体,学生是被动的被评价者。小学生综合素养评价系统让学生成为评价参与者,让学生依据一定的标准,利用评价系统手机端对自己的发展状况、学习行为与结果及个性特征进行自我判断与评估。这一评价方式是尊重学生主体地位的重要体现,是学生自我认识、自我分析、自我提高的过程。通过自我评价,学生可以客观地认识到自己的优缺点,更全面深入地了解自己,提高自己各方面的能力。学生互评可以促进同学间的相互交流、沟通,加深同学间的友谊,还可以让学生以别人为镜,看到自己的长处与不足。老师和家长也可通过学生对自己的评价,了解孩子的真实内心,帮助孩子身心健康发展。

五、基于大数据的小学生综合素养评价系统的评价数据采集及评价媒介

（一）数据的采集形式

小学生综合素养评价系统采用多种方式进行数据采集,凸显数据的科学性和客观性。

1.评分点赞

评分点赞是使用频率最高的方式,多与阶段总评结合使用,如"能创造——喜探究"中"课堂上积极思考,乐于动脑,敢于提问"就采用平时评分点赞和期末总评平均分相结合的方式进行评价,这样既参考了学生对当堂知识的接受程度,也能综合学生一学期的表现进行整体考核。

2.调查问卷

调查问卷是对学生某一知识技能的直接考核方式,在"会生活——懂常识"中应用较多,如"应知应会常识我知道"知识闯关,由评价系统出题,采用问卷形式,班级统一到计算机教室答题,根据闯关结果自动生成三个等级,及时呈现考核结果。

3.活动展示

在有情趣素养中,很多表现的评价都需要学生的活动展示,这样可以结合评价目标,展示学生对所学知识技能的实操能力,如体测项目中的坐位体前屈、跳绳和50米跑,由体育老师在体育课上进行评价。

同时,拍照录入、打卡计数、输入统计等方式也是评价系统重要的组成部分。例如"重环保"中的"光盘小标兵",通过学生打卡计数进行数据采集,"乐实践"中的学科实践活动允许拍照上传信息等。

（二）评价媒介

小学生综合素养评价系统利用电脑、平板电脑、手机等,研发相关程序,实施app支撑评价。多终端评价有利于突破地理、时间和人员限制,最大限度为评价提供便利,提升评价的实操性。

六、基于大数据的小学生综合素养评价系统的发展激励体系

(一)小学生综合素养评价系统应用实施反馈

1.个人诊断书

根据学生一学期素养点的采集,形成学生的学期诊断报告,呈现在手机 app "成长足迹"中。

2.评分点赞报表

电脑端呈现数据诊断报表,可以根据使用者的需求,进行高级筛选,呈现班级学生的评价数据。通过查看每个学生的评价情况,教师可以清楚地了解孩子近期的成长情况,发现优势与不足,及时进行调整。例如:评分点赞表中"学生得分"一项最具有指导性,老师通过学生的得分情况可以了解学生在日常学习中的表现。如果发现学生得分较少,可以具体查看低分原因,明确哪一项需要继续努力,对该学生进行重点关注。这样就给教师较强的指导性,使其了解某阶段在学习上应该更加关注哪些同学,并根据具体项目的得分,判断哪方面应该注意,如上课回答问题的积极性、是否能够提出问题等。

3.大数据分析报表

大数据分析报表从学生个人、班级、年级、全校等四个维度,通过雷达图、数据图、曲线图等直观地反映学生、班级、年级、学校评价数据呈现的反馈结果,提供诊断数据,指导教育教学、管理决策和相应规划。

(二)小学生综合素养评价系统的发展激励体系

评价的最终目的在于促进学生发展。借助评价系统应用实施后所获得的个人诊断书、评分点赞报表、大数据分析报表三种反馈结果,学校可以对每位学生进行适当的奖励激励,从而实现评价目标。

在学习生活中内心的获得感和物质奖励对学生而言,具有重要的激励作用。所以,我们的小学生综合素养评价系统发展激励体系涵盖精神奖励和物质奖励两种。

1. 精神奖励

(1)"争星晋级"

"争星晋级"是少先队雏鹰争章评价的校本化体现,学生通过积攒评价数量,换取不同级别的雏鹰章,最终实现自我发展。

(2)心愿卡

提前搜集学生的心愿,制作心愿卡;或发放空白心愿卡,让学生自行填写。心愿卡内容多样,如和喜欢的老师合影、当一天班长、参观校长室等,这些是学生想做而没有机会做的事。我们将这些作为激励学生的方式,在实操过程中发现,学生都十分喜欢这种奖励方式。

2. 物质奖励

物质奖励即"星币商城"。根据评价结果,学生将获得相应的积分。学生按照自己的积分,在"星币商城"中进行个人心愿、学具使用权、学生用品的兑换,满足了学生个人的学习、生活需求。

发展激励体系的建立,旨在根据评价结果,进行奖励激励,从而进一步激发学生自我成长和发展的动力,促进学生的自主学习和终身发展。因此,发展激励体系会始终以学情为本,时时更新补充,采用学生喜欢的奖励方式,为评价系统的良性循环保驾护航。

第三章 基于大数据的小学生综合素养评价信息系统的运行

　　小学生综合素养评价系统采用的是 B/S 和 C/S 模式相结合的评价形式,充分利用二者的优势,满足不同场景的使用需求。电脑端(图 3.1)采用 B/S 模式,教师使用浏览器就可以进行基础数据维护、采集点设定、评价查询、数据呈现等操作,B/S 模式具有良好的跨平台性,既安全又高效。同时,使用者不受设备限制,只要能上网就可以随时使用数据。同时为了满足当下教师、学生及家长的个性化需求,评价系统增加了对手机(图 3.2)、平板电脑(图 3.3)等移动客户端的支持,保证数据采集的实时性,有效性,使评价系统的数据采集更加灵活。接下来,我们将逐一从基础数据设置、数据采集、数据处理、结论形成等几大方面分别介绍。

第一节　小学生综合素养评价系统的基础数据设置

一、访问控制

　　小学生综合素质评价系统通过身份认证、授权和保护敏感数据等方法,保障系统数据安全。系统采用 https 协议进行数据加密传输,只有经过认证的用户才能访问系统。

图 3.1　小学生综合素养评价系统电脑端登录界面

图 3.2　小学生综合素养评价系统手机登录界面

图 3.3　小学生综合素养评价系统平板电脑登录界面

　　综合素养评价系统依照登录的角色和权限将用户划分为系统管理员、学生、教师、家长四类。对于通过授权之后登录的用户,管理员会对用户的权限进行细分。登录用户被分成教师、系统管理员、商城管理员等角色,不同的角色有不同的权限,不同角色对基础数据有不同的增、删、改、查等权限。同时,系统通过日志的形式记录用户操作痕迹,减少数据的误操作。

　　其中,系统管理员负责系统的设置、课程的设置、素养的设置、评价的设置和相关结果的查看。系统管理员登录系统后,首先要进行数据的导入和人员的分配,将学生名单、教师名单导入到系统中并建立班级和课程模块。教师又细分为班主任、任课教师、大队辅导员三类。学生有修改登录信息、学生评价、查询评价结果的权限。家长可以查看自己孩子的评价,同时可以对自己的孩子进行评价(图 3.4)。

1. 素养管理模块

　　四大素养下设十六表现(图 3.5),为了保证日后数据的可扩展性,十六表现都设有增、删、改、查功能。有权限的用户才能操作,保证数据安全性、完整性。

图 3.4　小学生综合素养评价系统家长手机登录界面

图 3.5　十六表现界面

2. 采集点管理模块

依托十六表现,每个关键素养设置多个采集点。同一个关键素养针对不同的年级所设置的采集点各不相同,也就是说,一个采集点会设置适用的年级,设定采集的方式、采集的周期、采集人。同时,采集点管理支持增、删、改、查操作(图 3.6)。

图 3.6 采集点界面

3. 评价方式管理

系统支持多样化的评价方式(图 3.7)。

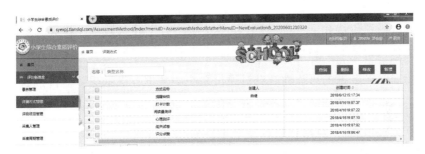

图 3.7 评价方式多样化

4. 采集人管理

系统设置不同的采集人,例如心理老师、大队辅导员、班主任等,不同的用户角色(采集人)有针对性地对学生的不同素养进行评价。不同角色只能评价与自己教育教学相关的学生素养。采集人每次登录,系统会判断采集人身份,并提示该采集人需要注意或者评价的方面。

5. 评测项目管理

系统支持后台设置评测项目(图 3.8),学生完成评测后,项目自动在对应的关键素养下记录学生成绩。

图 3.8　后台评测项目

第二节　学生综合素养评价系统的数据采集

有效的评价依赖于全面、可靠和多元化的教学评价数据。在大数据时代，既要采集尽可能多的教学评价数据，保证数据的多样性和完整性，也要避免盲目采集而降低数据的可靠性。针对评价系统中数据存储缺乏实时性的特点，我们在云计算环境下构建了一个数据采集系统。① 评价系统坚持形成性评价与终结性评价相结合，以日常评价和学生的成长记录为基础，力求内容全面、客观，程序科学、规范，关注学生的全面协调发展，关注学生的特长和潜能②，发挥评价促进学生发展的功能，建立科学的小学生发展性评价体系。通过评价，使学生不断认识自我、发现自我、完善自我，实现教学预定目标，促进学生综合素质不断提高。评价系统保证数据采集系统能够安全稳定地运行，提高运行效率，界面友好，交互性强。③

---

① 韩成勇.大数据背景下的高校教学评价[J].电脑知识与技术,2017,(17).
② 魏居善.普通高中综合素质评价结果可信度思考[J].教育实践与研究,2017,(12).
③ 赵士果.促进学习的课堂评价研究[D].上海：华东师范大学,2013.

一、学生自评

小学生综合素养评价系统包含家长手机 app——"成长的足迹",学生可登录"成长的足迹"参与网上自评,完成学生综合素养评价自评部分(图 3.9)。

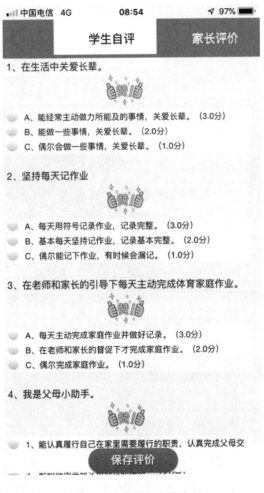

图 3.9 学生综合素养自评

二、教师评价

任课教师对学生的评价有评分点赞、阅读测试、打卡计数、闯关等多种方式。任课教师可以增、删、改、查相关评价。

对学生日常课上的表现,教师可以使用平板电脑、手机及电脑三种工具随时随地给孩子点赞,操作界面简单,实时性较强,能够准确记录学生在具体某个素养点的表现情况。如图 3.10 所示,在电脑系统内,学生按照实际班级中的座次排列,教师选中即可点赞。图 3.11 是平板电脑端的评分点赞界面,由于设备具有可移动性,教师在授课过程中,不受上课地点、设备条件的限制,随时随地给学生点赞,还可以给出描述性评语。图 3.12 是手机端的评分点赞界面,对于护导老师,用手机点赞更为便捷。

图 3.10　评分点赞

图 3.11　平板电脑端"评分点赞"界面

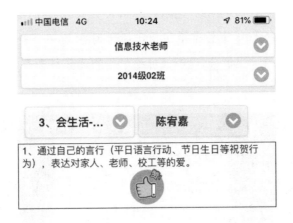

图 3.12 手机端"评分点赞"界面

教师给学生的点赞会实时保存到数据库中,在数据库形成一条详细的记录,详细记录学生被点赞的素养点、点赞人、点赞日期等信息。系统的"点赞详情",可以展示学生的点赞详情,同时系统支持有条件的查询(图 3.13)。进入"我的点赞",教师可以查看自己点的所有赞,系统支持修改自己的点赞。

图 3.13 "点赞详情"界面

除了日常点赞,一般学期末教师还要根据学生得到的赞数给学生评分,进入"素养采集"模块,教师可以评分。不同的素养点有自己的评分周期,有些素养点需要一学期,有些需要一个月,等等,针对这个实际情况,系统开放设置采集周期,灵活处理。教师定期给学生评分(图3.14),教师在评分的时候,学生姓名边上会有数字提示,这个数字就是该学生平时在某一个采集点下得到的赞数,教师根据赞数给学生评分,能够保证给学生的评分科学有效。同时,系统支持批量导入,方便高效。

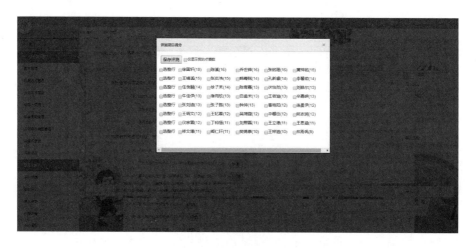

图3.14 "定期评分"界面

学生登录"成长的足迹",进入"生活常识"进行答题。学生在正式答题之前反复自测,错过的题自动形成自己的错题本,学生正式答题之后,最终形成成绩记录在数据库中。教师可以设置成绩与素养得分的转化关系,系统根据设置,生成学生素养得分。学生素养采集还有一个重要来源——题库系统(图3.15)。教师将试题分门别类整理好,导入系统形成题库,教师在后台设置各种类型的试题比例,系统就会随机从题库抽取试题,自动组卷,自动判卷,显示成绩。教师可以查看学生的试卷完成情况及成绩。

三、学生互评

学生综合素养他评完成后,系统自动汇总每个学生综合素质评价总分,提交审核,最后进行汇总。系统对学生的加分、扣分情况进行公平、公正的监督,将每个学生综合评价结果添入学生综合素养评价总分表中。学生也可以查看收到的点赞(图3.16)。

图 3.15 题库系统

图 3.16 "别人为我点的赞"界面

四、家长评价

家长对孩子的评价直接影响着孩子的健康成长。小学生年龄还小,需要父母的启蒙、保护和引导。因此,"成长的足迹"支持家长评价(图 3.17)。学校鼓励家长用点赞评分的方式激励孩子朝着更好的方向发展。在日常生活中,家长直接点赞;学期或者一个评价周期结束后,家长要根据点赞给孩子打分,日常点赞和打分都记录在数据库中形成大数据。

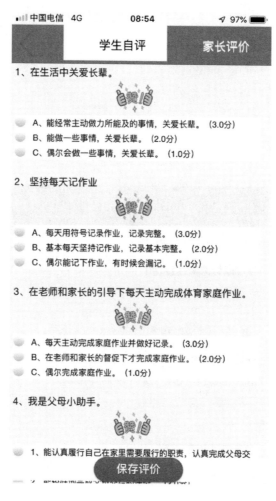

图 3.17 "家长评价"界面

五、积分商城

积分商城是学校内部的商城系统,学生可在商城内使用积分兑换商品(图3.18)。老师可在后台增、删、改各类商品,设置商品单价、描述、库存数量,同时可以查看商品兑换情况,管理订单,追踪订单状态:已下单、已支付、已发货、已

签收等。所有商品可设置商品的购买人员等级,如:等级达到 5 的学生才可以
兑换相应等级的商品。

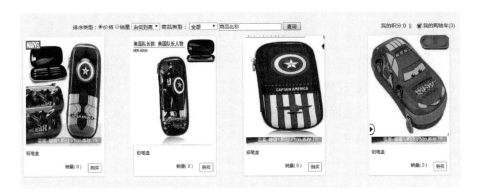

图 3.18　积分商城中的商品

除了学生们喜欢的学习用品,积分商城里还设置了具有生活特色的心愿卡
片,比如学生可以兑换不同的心愿卡片,使用心愿卡片,可以带领校外的朋友参
观学校,可以与校长合影、共进晚餐,可以向校长提出意见和建议,可以免除一
次作业等。丰富多彩的心愿卡片,吸引孩子们通过良好的行为习惯,来赚取
积分。

学生兑换商品后会扣掉其积分,同时系统支持学生查看积分消费情况。系
统可以针对商品兑换进行各类统计,如:单品兑换统计、某时间段内兑换统计、
热销产品统计等计数可以导出至 excle。

第三节　学生综合素养评价系统的数据处理

采集巨量的教学评价数据以后,评价系统需要综合运用多种方法对数据进
行提炼、萃取和加工,而不是仅仅只做简单的记录,从而可以从中获取更多的规
律和知识,真正做到用数据说话、基于数据做决策,同时也能充分体现出教育评
价工作的价值和意义。

一、整体架构设计

小学生综合素养评价系统的云服务平台分为三层建设,分别是:平台服务层、应用层、感知层(图 3.19)。

云服务平台充分考虑到云基础设施技术的成本、性能、安全性和可管理性,结合传统的数据中心建设方案与云动态数据中心技术,在平台服务层和应用层充分采用软件虚拟化、网格计算、分布式存储等成熟的技术,充分提高设备的利用率,提高系统的响应速度,获取更高的可靠性,并且使学校用户、主管部门用户以及家长能在同一应用平台下协同使用。

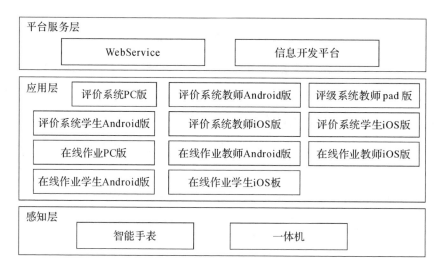

图 3.19 云服务平台

二、设计原则

(一)开放性

云服务平台的各部分为独立运行的组件化子系统,各组件系统利用 SOA 架构实现,相互之间采用标准的接口,充分体现系统的松散耦合性,极易扩展。集成接口均开放开发语言包,支持定制开发,理论上支持任何第三方的集成接入,并预留多个关联业务接口,也可以与学校现有系统集成使用,确保平滑过渡与衔接。

（二）标准化

云服务平台采用国家和教育部的相关标准作为信息标准规范,提供基于 SOA 架构的符合国家标准的数据访问接口、应用集成接口、身份认证接口,并充分适应各类主流运行环境,包括各类主流操作系统、数据库和应用服务器环境,可以与其他符合规范的第三方平台与应用实现对接。[①]

（三）智能化

云服务平台结合云服务、虚拟化等技术框架,实现资源的灵活调配和集中管理;结合 GIS、4G 等应用技术及智能终端,实现上层应用的智能化、服务终端的移动化;不仅通过各类报表查询充分满足学校数据上报的需求,同时还采用时间趋势分析、多指标对比分析、指标成分分析等多种方法,实现对实时数据、历史数据比较和分析,为各级管理部门提供决策支持。

（四）扩展性

本研究提炼各类教育的共性,通过适当扩展,能方便地将应用接入其他系统,进一步扩大项目的应用范围,提升项目的应用价值。云服务平台具有良好的可扩展性,对于管理模式的变化、组织机构职能的调整、业务流程的改变等,能够通过流程管理简便配置,快速适应变化、满足需求。

（五）安全性

云服务平台符合信息安全的标准化要求:其安全策略、密码与安全设备选用,网络互联、安全管理等设计符合国内信息安全法律法规[②];从物理层、网络层、系统层、应用层、管理层综合考虑系统的安全风险,并提供相应的防范措施与紧急处理的预案。

（六）可靠性

云服务平台支持用户高并发、大批量数据变更等极限数据处理需求,优化应用系统的风险控制体系,充分考虑容错性校验,有效降低数据质量低下、操作不当等问题对系统的影响,进一步提高应用系统的可靠性和稳定性。

---

① 韩仙玉,赵保华,王朋.基于 SOA 的数字化校园平台的研究[J].信息技术,2014,1.
② 雷芸,涂庆华,宋骏飞,仲媛.大数据时代高校智慧校园服务平台建设与研究[J].通讯世界,2017,(1).

三、数据库设计

数据库在一个软件系统中占有十分重要的地位。数据库结构设计的好坏将直接影响系统功能的实现以及系统的执行效率。设计合理的数据库结构可以提高数据存储的效率,从而能充分保证数据的完整性和一致性。因此在进行数据库设计时,应充分了解系统的功能需求。本系统关键数据表设计如图 3.20。

Accomplishment	中文名称	英文名称	数据型态	长度	主键	绝对索引	索引	外部索引	不为空值	预设	自增	备注
素养表	主键ID	AccompID	int		V				V		V	
	名称	AccompName	nvarchar	20								
	素养解读	AccompInterpretation	nvarchar	500								
	创建人	creatUser	nvarchar	36								
	创建时间	createTime	datetime									
	备注	remark	nvarchar	500								

Expression	中文名称	英文名称	数据型态	长度	主键	绝对索引	索引	外部索引	不为空值	预设	自增	备注
表现表	主键ID	ExpID	int		V				V		V	
	素养ID	AccompID	int						V			对应Accomplishment主键
	名称	ExpName	nvarchar	20								
	表现解读	ExpInterpretation	nvarchar	500								
	积分	Score	decimal	4,1								
	分值	Points	decimal	4,1								
	创建人	creatUser	nvarchar	36								
	创建时间	createTime	datetime									
	备注	remark	nvarchar	500								

ExpressionWithGrade	中文名称	英文名称	数据型态	长度	主键	绝对索引	索引	外部索引	不为空值	预设	自增	备注
表现与年级对应表	主键ID	ExpGID	int		V				V		V	
	表现ID	ExpID	int						V			
	年级ID	gradeID	nvarchar	36					V			对应base_grade主键
	创建人	creatUser	nvarchar	36								
	创建时间	createTime	datetime									
	备注	remark	nvarchar	500								

ExpressionDivision	中文名称	英文名称	数据型态	长度	主键	绝对索引	索引	外部索引	不为空值	预设	自增	备注
表现分等表	主键ID	DivisionID	int		V				V		V	
	表现ID	ExpID	int						V			对应Expression主键
	等级名称	DivisionName	nvarchar	20								（超优秀，优秀，良好，合格，基本合格，不合格） 对应数据录下拉菜单
	最大分值	MaxPoints	decimal	4,1								个性设置，点我看看

图 3.20 关键数据表设计

(一)懂常识知识库的数据处理

自动组卷利用随机函数,在试题库中对满足条件的试题进行随机搜索,并通过查询数据库 test 中试题库数据表 test_questions 中的数据,随机生成试卷。① 定义一个随机生成函数,从试题库中的每个二级指标所对应的试题中随机抽取题目。使用 selected 标志某题已被选过,使用 unselected 存放未选过的题目。利用 srand 随机函数产生剩余题的随机整数,以实现每次随机抽取不同的题目,从而生成试卷页。为了使试卷页较为美观地显示,采用分页显示的功能,将生成的试卷按照每页两道题进行数目的控制,实现分页的功能。使用 pernumber 控制每页输出几道题,实现固定的分页格式。利用 for 循环和超链接实现页面的跳转,显示是第几页。保存测试结果和显示测试结果,根据学生

① 肖豆.智能组卷系统的设计与实现[D].成都:电子科技大学,2017.

对每一道题的选择情况,统计出学生的得分,并将结果记录到数据库 test 中的分数数据表 test_score 中。利用 switch case 语句对测评所选答案进行赋分。最终将个人信息以及所选答案和最后的总得分显示在浏览器中。使用 session_start 将学生特定标识存储到 session 中,方便在使用时调用。利用 post 将所选答案记录下来,接着将测评结果记录存入到 test_score 分数数据表中,并从客户端输出结果。

（二）评价系统数据统计算法

系统大数据统计包含数据的抽取（extract）、转换（transform）和加载（load）三个步骤,主要完成原始数据向模型数据的转化工作。评价系统首先要处理海量的数据流,能够在多个进程之间负载均衡。在获取文件之后要能够解析多种格式的文件并加载入库。在多层的数据集成系统中,大数据统计需要上层数据集成系统传递数据,还需要完成数据在多个维度的汇聚工作。

系统支持按照不同的时间段统计。关键代码如下:

```
namespace MainWebSite. Controllers
{public class ReportsAllController : Controller
   {   public ActionResult Index()
      { return View();}
      #region  大数据报表
      #region  数据归档,按照 周月 学期年 归档
      public ActionResult DataGuiDang()
      {return View();}
      /// <summary>
      /// 大数据归档执行
      /// </summary>
      /// <returns></returns>
      public string GuiDang(DateTime StartTime)
      {
      try
      {/***  确定同比环比各时间  ***/
```

```
StartTime＝DateTime. Parse (StartTime. ToString ("yyyy-MM-dd 0：0：
0"))；
        DateTime sdate1＝StartTime；//当前开始时间,0 时开始
        DateTime edate1＝sdate1；
        for (int type＝2；type ＜ 7；type＋＋)
        {
        switch (type)
        {
case 2：//周
sdate1＝sdate1. AddDays(1-(d)ouble)sdate1. DayOfWeek；//日期不是周
一,找到周一日期
edate1＝sdate1. AddDays(7)；// 结束日期为下周一 0 点 0 分
while(edate1. CompareTo(D)ateTime. Now ＜ 1) //周末日期小于本日,
继续
        { ToGuiDang(sdate1, edate1, type)；
          sdate1＝edate1；
          edate1＝sdate1. AddDays(7)；// 结束日期为下周一 0 点 0 分}
          break；
case 3：//月
sdate1＝DateTime. Parse(StartTime. ToString("yyyy-MM-01"))；//日期
设置为 1 日
edate1＝sdate1. AddMonths(1)；// 结束日期为下月 1 日 0 点 0 分
while(edate1. CompareTo(D)ateTime. Now ＜1)
        {//周末日期小于本日,继续
        ToGuiDang(sdate1, edate1, type)；
        sdate1＝edate1；
        edate1＝sdate1. AddMonths(1)；//结束日期为下月 1 日 0 点 0 分}
        break；
case 4：//年
```

```
sdate1＝DateTime. Parse(StartTime. ToString("yyyy-01-01"));//日期设
```
置为 1 日
```
edate1＝sdate1. AddYears(1);// 结束日期为下年度 1 月 1 日 0 点 0 分
ToGuiDang(sdate1, edate1, type);
break;
case 5://上学期
sdate1＝DateTime. Parse(StartTime. ToString("yyyy-02-10"));//上学期
```
开始日期
```
edate1＝DateTime. Parse(StartTime. ToString("yyyy-08-31"));// 结束
```
日期
```
if(edate1. CompareTo(D)ateTime. Now ＜ 1)
{ ToGuiDang(sdate1, edate1, type); }
break;
case 6://下学期
sdate1＝DateTime. Parse(StartTime. ToString("yyyy-09-01"));//上学期
```
开始日期 sdate1＝sdate1. AddYears(－1);
```
edate1＝DateTime. Parse(StartTime. ToString("yyyy-02-10"));//结束日
```
期为本年度
```
if(edate1. CompareTo(D)ateTime. Now ＜ 1)
{ToGuiDang(sdate1, edate1, type);}
break;
}
}
return "Y";
}
catch (Exception ex)
{return ex. Message; }
}
```

系统支持按照不同的维度统计。系统支持分别从班级、年级、全校不同维度统计大数据,关键代码如下:

```
#region 大数据一二小一班级
</param>
public ActionResult BigDatas ( string ClassID = "bf245464-4d75-494c-
b42b-abea19ae84d2", int DataType=10, int type=3, DateTime? startDate=
null)
｛
Times. BLL. base_class base_classbll=new Times. BLL. base_class();
DataTable dtbase_class = base_classbll. GetList(0, "classType = '0'",
"className"). Tables[0];
ViewBag. dtbase_class=dtbase_class. Rows;
ViewBag. ClassID=ClassID;
if(! GlobalInfo. IsLoginSystem())
｛
JSHelper. Out("alert('登录超时,请重新登录! '); parent. location. href=
'/Home/Login';");
return View();
｝
/***确定同比环比各时间***/
DateTime sdate1 = DateTime. Parse(D)ateTime. Now. ToString("yyyy-
MM-01")). AddMonths(-1;//上一个月
DateTime edate1=sdate1. AddMonths(1);
string strctitle1="";//中间底部对比标题
List<object> redata=getStartEndDate(type, startDate);
sdate1=(D)ateTimeredata[0];
edate1=(D)ateTimeredata[1];
strctitle1=redata[2]. ToString();
```

```
ViewBag. ctitle1＝strctitle1；

ViewBag. sDate＝sdate1. ToString(“yyyy-M-d”)；

ViewBag. type＝type；

ViewBag. pClass＝“全部”；

/＊＊＊　　确定同比环比各时间　　＊＊＊/

♯region 学生得分

List＜string＞ lsData＝TeacherZanRepSearch(“”, “0”, ClassID, sdate1.
ToShortDateString( ), edate1. ToShortDateString( ), 500, 1)；

ViewBag. lsName＝lsData[0]；

ViewBag. lsSeries＝lsData[1]；

ViewBag. lsCount＝lsData[2]；

ViewBag. zanCount＝lsData[3]；

♯endregion 学生得分

♯region 学校、班级、学生数据

//全校

List＜string＞ SchoolData＝SchoolBigDatasSerarch(sdate1, edate1)；

ViewBag. xxldData＝SchoolData[0]；//学校雷达数据

//班级

List＜ string ＞ ClassData ＝ ClassBigDatasSerarch ( ClassID,　　sdate1,
edate1)；

ViewBag. bjldPolar＝ClassData[0]；//班级雷达

ViewBag. bjldData＝ClassData[1]；//班级雷达

ViewBag. bjbingData＝ClassData[2]；//班级饼图

//学生

List＜ string ＞ StudentsData ＝ StudentBigDatasSerarch ( ClassData [ 1 ],
ClassID, sdate1, edate1)；

ViewBag. sylegend＝StudentsData[3]；

ViewBag. xsName＝“\”班级平均分\”,”＋StudentsData[0]；

ViewBag. xsSeries＝StudentsData[1]；
```

```
ViewBag.xssl＝StudentsData[2];//被评学生数量
#endregion
return View();
}
```

第四节　学生综合素养评价系统的结果呈现

及时、有效地反馈评价结果,是教学评价工作真正发挥作用的关键一环,它包括评价结论及其过程、规律和可公开数据。在大数据条件下,评价系统采取了多种方式公布评价结果,变被动公布为主动推送,变单一的数据结果为包括统计、对比图形等多种形式的可视化结果,让包括校长、各级教学管理部门负责人、任课教师、家长和学生能够享受到高质量的信息服务,同时可以改变教学评价给人的刻板、枯燥的印象,从而提升各方参与度和关注教学评价的积极性。

一、手机端学生个体诊断报告

学生综合素养评价系统后台服务器自动生成学生诊断报告,主动推送报告到家长手机 app"成长的足迹",家长点开评价报告,就会看到孩子本学期的在校表现等情况;注重保护学生隐私,家长只能看到自己孩子的诊断报告。

这种数据呈现的优势在于,学生能够正确认识自身发展,及时自我教育,明确发展方向,促进个性化发展,逐渐提升学生综合素养。评价系统主动推送学生诊断报告给家长,便于家长及时了解学生的发展情况,便于家校合力,促进学生更好地发展。

二、学校、年级、班级、个人大数据展示

数据的可视化处理是一种常见的数据视觉表现形式,这种形式能把数据的线性关系和趋势发展情况形象地展现给用户。我校的学生综合素养评价系统中的评价数据就是采用了这种呈现形式,分别从学校、年级、班级、个人四个角度呈现数据:图 3.21 是全校月数据呈现方式;图 3.22 是班级月数据呈现方式;

图 3.23 是学生个人评价大数据展示。这使抽象繁杂的数据变得直观简单、生动有趣。在大数据展示中,用户可以自主选择评价数据的时间点,系统可以按周、月、年三种时间段统计呈现数据。

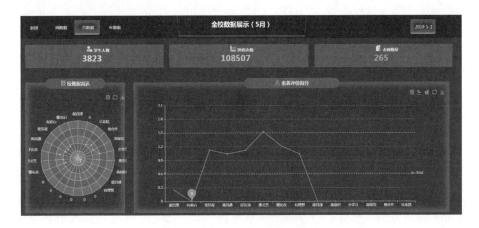

图 3.21　学校月评价呈现界面

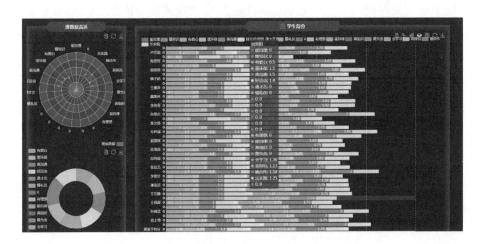

图 3.22　班级月评价呈现界面

这种数据呈现方式的意义在于,它将数据变成图片,透过视觉化的符号,也就是统计图表展现出来的图形对比,让用户能更快地读取原始数据,提升对数据的理解能力。并且,统计图的文字成分少,不会像写作一样做文字描述及文本铺陈,图表中的文字往往只用来诠释或标注数据、出处,或是更重要的标题等,因而数据分析结果在呈现上更加简洁明了。统计图表中显示的数据,不论

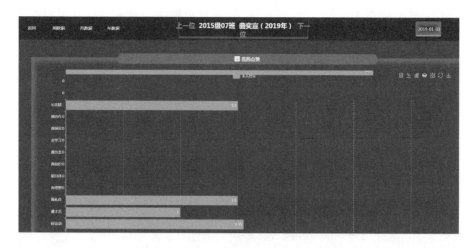

图 3. 23　个人评价界面

以点还是线呈现在双轴坐标系统里,都有数据标签,方便教育工作者解读和了解数据之间的关系。教学管理部门可以借助评价结果数据,及时发现日常教学过程中难以发现的深层次问题,实时调整教学管理策略,使得教学管理更具有针对性,提高教学管理效率,提升教学管理决策水平,例如:可以对得分较低的评价指标所反映的问题,进行实地调查了解,提出进一步的改进措施或有针对性的指导意见。

三、可筛选的评价报表

评价系统为方便不同使用者分析数据,可以从不同的角度进行数据查询和生成报表,例如对任课教师的点赞进行统计,以便于学校管理者了解教职工评价的积极性。系统支持导出 excel 报表,如对某一个班的学生的点赞统计,这种统计能够看出同一个班级中不同孩子的差异化发展。

班级学生数据界面中,学生素养得分模块可以让用户查看学生在某个时间段的得分:高于班级平均分时,该学生得分的背景色为绿色;低于班级平均分时,背景色为红色;等于班级平均分时,背景色为灰色;高于年级平均分时,字体色为白色;低于年级平均分时,字体色为黄色;等于年级平均分时,字体色为黑色。通过给数据设置不同颜色,提高了数据的可读性,学生的素养得分高低一目了然。

　　评价报表可以将数据记录下来,将信息数字化。报表的作用不是以文本进行描述,而是通过图表、可视化图形将复杂、晦涩难懂、查找困难的数字转化为一目了然、可进行联动分析的可视化图表,从而提高查看效率。通过对这些报表的分析,用户可以了解和预测学生的个人学习行为、程度和态度,分析任课教师教学情况,指导教师及时调整教学内容和方法,帮助教学管理部门实时调整或出台相关教学管理规定等。依据学生信息大数据,教师可以了解和分析学生的基础知识储备、学习能力、学习态度等情况,制定适合的教学计划,并向学生推荐一些实用的学习策略。

第四章　小学生综合素养评价系统在德育评价中的应用

第一节　学生道德教育的生活基础

教育是国之大计、党之大计,在当前我国主导的"素质教育"中,道德教育是进行知识教育的前提和基础,是"素质教育"的核心。习近平总书记强调,培养什么人,是教育的首要问题,我国是中国共产党领导的社会主义国家,这就决定了我们的教育必须把培养社会主义建设者和接班人作为根本任务,培养一代又一代拥护中国共产党领导和我国社会主义制度、立志为中国特色社会主义奋斗终生的有用人才。青少年是祖国的希望与未来,其道德状况反映的是民族的整体素质,与国家前途、民族命运息息相关。我国拥有超过五千年的悠久历史,这期间林林总总地形成了无数道德观念。中华民族传统美德流传至今,与各时期教育工作者所做出的努力密不可分。理想淡化、自私任性、责任感缺失等,与中华民族传统美德背道而驰。如何引导小学生树立正确的世界观、价值观、人生观,培养良好的道德观念与道德行为,需要我们每名教育工作者深入思考并为之努力。

当今社会飞速发展,在改善我们生活的同时,也向青少年思想道德教育提出了挑战。道德教育虽然是教育工作的重点,却常常易被忽视,许多学校更加追求成绩,对学生进行填鸭式、灌输式教育,在提高成绩与培养特长上下功夫,道德教育上成效不彰。有的教师对存在思想问题的学生,教育方法不得当,方法简单粗暴,或是脱离生活,空谈大道理,不能有效引导学生认识道德观念与生活之间的关系,进而导致学生染上恶习,甚至走上违法犯罪的道路。德育为先,是每个教育工作者应坚持的教育方针,学生决不能输在道德教育上。

小学生处于发育期,心理状况不够稳定,思想活动多变,辨别是非能力较为薄弱,容易受到暴力、金钱诱惑等不良影响的侵蚀。教育工作者在道德教育上应保持足够的耐心,不怕麻烦,充分发挥主观能动性,言传身教,与学生一同在生活中体验社会公德、传统美德,引导学生扣好人生第一粒扣子。

青岛市崂山区第二实验小学秉持"德育为先"的观念,构建"诚信做人、学为生活"的德育文化,围绕"会生活、有情趣、敢担当、能创造"四个关键能力,将其分解为"十二美德",即有爱心、讲诚信、勇负责、善理解、懂感恩、会合作、通事理、重生态、好探究、能悦纳、律言行、常反思。

一、学生道德教育的生活基础

虽然道德教育现在已经引起人们重视,但教育成效不够明显,德育书本化、知识化、抽象化等问题比比皆是,其中一个重要原因便是脱离了生活基础。

学校道德教育工作面临的一大问题就是与日常生活脱轨。在德育过程中,教师往往不与现实生活相结合,在达成德育目标的过程中存在一定的操作性困难,德育内容过于抽象,不够具体。尽管学生具有丰富的道德知识,但他们的思想道德教育并没有得到实质性的改善。在爱国、爱集体、爱社会主义等教育核心内容上,教师也忽略了小学生的认知特点和实际情况。因此,"构建道德教育的生活性,就是要实现学校道德教育向现实道德生活世界的回归,并在此基础上,将可能的道德生活转化为现实的道德生活"[1]。

(一)道德来自生活

物质生活是道德的基础,从古至今,人类通过各种社会实践形成了许多道德规范,以一种强制或非强制的形式对人类的所作所为进行约束,进而使生活

---

[1]　尚靖君.学校德育生活性研究[D].长春:东北师范大学,2013.

利益有所保障、社会发展有序推进，人与人之间才能够相互合作、共同发展。道德的存在是为了让人更好地生活，是一种积极向上的引导，而不是对人进行不必要的、消极的干预。生活是道德存在的基本形态，也是道德存在的第一要义。[①]

"让生活走进学校，让教育回归生活。"这是崂山区第二实验小学入门时最醒目的标语，是学校所秉承的办学理念。教育与生活相结合是目前培养全面发展的人的有效途径，这一理念正是来源于美国现代教育代表人物杜威和我国人民教育家陶行知的思想。

杜威是实用主义哲学创始人、进步教育以及儿童中心论代表人物。他在著作《民主主义与教育》中提出教育的本质：教育即生活，教育即生长，教育即经验的改组与改造。他倡导教育适应生活说，反对斯宾塞的教育是为未来生活的准备这一说法。他认为教育应该适应当前生活，生活本身作为一种直接经验就是教育。同时，在他的观点中还包括道德是教育的最高和最终目的。

陶行知被毛泽东称为伟大的人民教育家，是我国生活教育理念的代表人物。提起陶行知，最广为流传的就是他的生活教育理论。陶行知的生活教育理论深受其老师杜威的影响。杜威的观点是：教育即生活，学校即社会，从做中学。陶行知对应提出：生活即教育，社会即学校，教学做合一。其观点看上去是颠倒了，但实际上陶行知和杜威的观点颇有相同之处。他们思想的共同之处，正是我校采取生活教育理念的原因之一。他们都承认教育和生活之间存在着密切的联系，反对将教育与生活分离，认为生活含有重要的教育意义，承认教育对改造生活的重要作用。相对于杜威的思想，陶行知的理念更符合我国的教育国情。

（二）道德影响生活

意大利诗人但丁曾说过："一个知识不全的人可以用道德去弥补，而一个道德不全的人却难以用知识去弥补 。"若一个人知识渊博，却道德败坏，那他可能对社会造成更加巨大的危害。道德能够强化人的理性与社会性，从而使生活富于秩序，没有道德规范的社会生活是不和谐且不完整的。道德不仅能够支撑个

---

① 杨绪辉. 课程视角下的创客教育探究[D]. 南京:南京师范大学,2016.

体的生存发展,亦拓展了人的生活世界,丰富人的社会生活与精神世界,道德的存在从整体上提升并完善人类生活。我国提倡构建和谐社会需要道德文明建设的支撑,教育工作者与学生均应看清道德与生活之间的必然联系,共同树立符合社会主义和谐社会建设要求的道德观念,发挥道德在和谐社会建设中的积极作用。

道德教育与生活基础联系紧密,其确立、发展、实施也不断跟随新时代的脚步,日益丰富。当前,我国的教育事业正在与新时代积极接轨,学校必须发展出与时代相符、更适合小学生的道德教育模式,坚持社会主义核心价值观的教育引导,达到道德教育与学生生活有效衔接的效果,从学生生活的实际情况出发,促进教师与学生的思想情感进一步互动,为学生建立良好的日常道德教育的学习和生活环境,使学生对道德情感的认知和体验更加深化。

二、我校德育工作策略

(一)确立主体性德育策略

德育应引导学生在学习过程中主动探索、发现和体验,使学生自己发现、思考、解决问题,摒弃以往以灌输、被动接受为主的学习模式,充分发挥学生在道德教育中的主体作用,力求使学生学会在接受教育的同时进行自我教育。

1.发挥教师主导作用

德育需要发挥教师的主导作用,教师对学生的教育不仅局限于课本知识,其言谈举止往往会对学生产生更为深远的影响。教师自身要加强道德修养,让学生感受到老师对事业的追求与热爱、对美好生活的向往。在与学生沟通交流的过程中,做到悉心倾听、了解学生观点,秉持民主宽容意识,公平对待每一名学生,推动学生学习、了解道德观念及日常行为规范的同时,也要反思道德教育的问题及方式,力争做到学生学会学习、老师学会教学,师生共享知识经验,实现共同发展。

2.激发学生德育兴趣

教育工作者应学会培养和激发学生对道德教育的兴趣,只有让学生体验到学习的快乐,才能激发求知欲,调动学生自身的积极性、主动性,使其从被动学变为主动学,从被迫接受教育变为积极获取知识、主动锻炼技能,从而充分发挥学生在道德教育中的主体作用。我校注重采取学生主题实践活动的方式提升学生主体参与意识。

3.尊重学生主体地位

营造学生在德育中的主体地位,就要尊重学生个性发展。传统教育强调老师与课本知识的重要性,这种教育往往会给学生的思想加上束缚,学生的个性得不到充分发展,理论认知也有可能走向极端。德育是一种互补性交流,教师应给学生提供表达自身想法的机会,尊重学生才会得到学生认可,引起学生内心的共鸣。要摒弃以往简单粗暴的沟通方式,根据学生不同的特点确定相应的教育方式,从学生的兴趣爱好出发,使他们既能表达自我、张扬个性,又能受到教育、融入生活。

(二)营造良好的德育环境

环境对教育的影响体现在校园、社会、家庭三个方面。

1.校园环境

校园环境作为德育"主战场",对学生思想道德的形成有着重要影响,也是实现德育目标的重要因素之一。美国儿童发展心理学家科尔伯格强调,只有一个充满正义的学校,才能让学生产生道德正义感。学校环境作为学生赖以成长与发展的主要生活空间,与学生的心理活动和行为变化发展有着密不可分的关系。从学校道德教育的角度来看,学校环境就是学生的道德认识、道德情感、道德行为赖以形成的心理场。我校重视校园环境在德育中对人潜移默化的影响,着重设计文明和谐的校园文化、打造干净卫生的校园环境,以营造有利于发挥学生主体作用的德育氛围,如设立农耕博物馆、豆丁党校实践基地、失物招领处等德育教育场所,学校各处张贴不同的道德标语等,全面作用于学生日常行为养成,以环境促进德育效果提升。

2.社会环境

小学生德育的社会环境包括舆论信息、文化传播、成年人举止等。信息社会背景下,信息传播具有广泛性、多样性、复杂性等特点,小学生德育想要与社会环境的影响割裂开来是不可能的,因此需要教育工作者懂得引导小学生正确认识当前社会发展的主流价值观,帮助学生对新理论、新观念建立一定的理性认识,了解中华民族传统美德是如何在当代劳动人民群体间传承的。我校相继组织"向国旗敬礼""践行核心价值观,做向上向善好少年""听党的话,做好少年""红领巾相约中国梦""豆丁党校看两会"等一系列少先队主题活动,教师与学生一同体会社会生活,感悟人间温情,传承中华美德。

3.家庭环境

家庭环境给孩子道德观念的培养所带来的影响亦不能忽视,孩子与父母的血缘关系与供养关系,使其在进行德育时更具情感互动优势,父母对孩子的全面影响不容低估。物质条件的进步往往使家长在教育过程中更加主动给孩子提供丰厚的物质生活,而忽略孩子精神层面的培养,望子成龙、望女成凤的过高期望反而给孩子施加更多的压力,或给学校道德教育带来困难,因此家校合作是德育的必然要求。老师与家长协同合作,能够共同推动孩子养成良好的生活习惯,学会关心爱护他人,成为品行端正的人。

(三)设立有效的德育课程

国家道德教育课程是综合性课程,覆盖领域包括生活、道德、心理等多个方面,学校在传授知识的时候需要重组、合并,筛选符合国情、校情、学情的内容开展授课。

1.德育课程设置原则

德育课程的设置需要主题鲜明、紧贴实际,教学内容应紧紧围绕当前构建社会主义和谐社会大背景,确立符合主流道德观念的主题,设置切实可行的德育目标。如学校组织的"红领巾探访最美渔村"等主题活动,就是通过社会实践、情景体验等多种形式,带领学生参与生活、体验并探究社会生活,进一步增强学生认知能力,培养其高尚的道德情操。

2.德育课程开展方法

德育课程要突破学科界限与课堂知识,加强道德知识整合。不同学科可能在价值观、道德观上存在一定差异,为使学生有效接受全面系统的道德教育,就要打破传统学科壁垒,有机整合道德知识,推动德育融入生活。教育工作者要增强创新能力,不再以单一地传授道德知识为任务,要通过各种丰富多彩的活动,让学生调整认知结构,寻求不同生活情景下的合理行为模式。

第二节　小学生综合素养评价系统在德育工作中的实践应用

自建校以来,我校一直秉承"让生活走进学校,让教育回归生活"的办学理念,把立德树人作为学校的根本任务,以创新的理念、与时俱进的精神,深化教育教学改革,不断推进素质教育发展。评价是教育教学的重要组成部分,对学生成长发挥着巨大的推动作用。我们可以从评价入手,真正发挥教育评价的导向作用、诊断作用、激励作用,为教育教学实施助力!

小学生综合素养评价系统通过多元评价,在课上、课下、校内、校外,借助学校表现、知识过关、能力展示、家长反馈等多渠道,全面采集、存储、传递、汇总学生学习生活过程的数据信息,忠实留下学生成长足迹。其中,这一评价系统在学校德育工作实践应用主要体现在"一日一课一会一活动"四方面,以下将从这四个方面介绍评价系统在我校德育工作中的实践实用。

一、评价一日常规,培养良好习惯

学生养成一种良好的学习、生活习惯是学校德育重要的组成部分。学生的日常习惯培养主要体现在学校一天的常规活动中,如入校、两操、午饭、活动、放学等,把评价系统充分应用到每日常规的评价中,有利于对学生的日常行为进行评价和指导。

(一)用好评价系统,扎实落实"入校三境"

2019 秋季学期,学校提出了"入校三境",即安静、干净、尊敬,在落实活动要求中,老师们借助学校的评价系统,找到相应的素养采集点,对学生全面而系统地进行评价,学生的养成教育水平有了很大的提高。在"敢担当——能自律"指标中,提出学生"养成自律的习惯,按照《中小学生守则》约束自己,规范行为,养成良好的学习习惯、得体的行为习惯、向上的思想品质"的培养目标,对低年级学生的"干净"提出非常具体的行为要求:"衣着整洁,经常洗澡,勤剪指甲,勤洗手,早晚刷牙,饭前便后洗手,自己能做的事情自己做"。为落实这一素养,在学校,老师会随时督促学生养成干净的习惯,开展班级"爱卫小明星"的评比,在评价系统内点赞。为了让学生更明确"干净"的标准,我们还会采取自我评价和生生互评的方式对学生做出评价。通过对比自评和他评,让学生了解自己在这方面的优势和不足,加深他们对这一标准的认识。在学校的"干净"必须有家长的配合,因此做好家校联合,家长在家也对"干净"这一指标做出评价,数据也会反馈给学校老师,这样家校联合、双管齐下,共同促进学生养成"干净"的好习惯。

三境中的"干净"还有一项涉及"重环保",即培养学生文明的就餐习惯——"做光盘小明星"。我们要求学生按量取餐,对班级中挑食的孩子不进行强行说教,而是借助评价系统与榜样的力量去引导,比如五年级1班的陈宁老师安排了"光盘"比较好的孩子,让他们与其他同学对桌,去影响和监督其他同学好好吃饭。慢慢地,班级中"光盘者"越来越多。"光盘者"经就餐小组长检查验收后,可以自行到生活委员处,在评价系统中进行点赞。每周一的班会课上导出评价数据表格进行表彰,给每个月"光盘"点赞数量前五名的同学发放"光盘小明星"奖状,这对学生的"光盘"有很好的推动作用。评价系统的点赞评价不仅促进了孩子们的健康成长,还让"光盘行动"真正转化为孩子们的好习惯。

入校三境之"安静"在执行过程中也有一定难度,由于学生好动的天性,加之我校学生数量庞大,在一幢教学楼中有高低年级交叉,很难做到校园秩序安静有序。"有情趣——懂礼仪"中提到"学习并掌握基本的礼仪与社会规范,并将礼仪规范落实到日常生活中,做一个讲文明、懂礼貌、遵守社会规范和具有社会责任感的公民"。为保障学生的校园安全,学校将这一目标细化为入校行走时"三人成行"的规范。为落实这一规范,学校护导老师和学生文明小导师对"三人成行"做得好的同学进行点赞评价,结合评价数据,在全校每周一的升旗仪式上进行表彰,极大地规范了学生的行走行为,保障校园安全。

使用评价系统使"入校三境"的落实有了抓手,保证了学校秩序,也促进了校园文明,但很多学生还有忘记带东西的坏习惯,影响了正常的课堂秩序。中高年级书法课每两周上一次,经常有同学忘记带书法工具。"会生活——能自理"中的第二条提到学生应准备好学习和生活的必需品,所以,能记住带齐上学必需品的同学应当获得表扬与点赞。在落实好上学必需品后,进一步要求凡是需要上交的回执单,要带的学习工具,如书法、陶笛,美术工具等,只要按时带齐的同学,都可以获得点赞,以养成好习惯。除此以外,在按时到校、不迟到、佩戴好红领巾等方面,我校班主任老师也通过每天的评价培养学生的好习惯。从“敢担当——能自律”这条素养中可以看出,从低年级我们就在有意识地培养学生的自控能力,所以,每天早自习铃声响起前按时到校、入校时必须佩戴红领巾等基本要求,通过一系列的评价、反馈,学生都能慢慢养成习惯。这些常规工作不仅是班主任一天工作中的重要环节,更是对学生合理安排、规划时间的一种督促,引导学生养成良好生活习惯。

(二)用好数据报表,全面提升素养

小学生综合素养评价系统除了日常评价学生的表现外,还可以综合一段时间的评价数据,通过评价报表对比得出同一时期不同素养在班级学生中的表现。图 4.1 是宋祥玉老师班的评价数据,通过表格中的评价数据对比,可以看出每位学生的强项、弱项。如 12 月重点关注“重环保”“好运动”“会学习”三项素养,通过这个横向比较,可以看出排在第一位的孙浩轩,他在“好运动”“重环保”方面都做得比较好,但是“会学习”要稍差一些,应该提醒他学习上要加油。再比如第七位的侯旭丰,他的“会学习”和“好运动”都比较好,但是在“重环保”方面却做得比较差,也就是说平时光盘做得不好,那就提醒他注意健康饮食,不挑食,不偏食。

统计条件：2017级13班学生2019-09-01至2020-01-30的获得点赞统计

	姓名	会生活-能	会生活-懂	会生活-有	会生活-重环保	有情趣-善	有情趣-好运动	有情趣-通才艺	有情趣-懂	敢担当-有	敢担当-能	敢担当-善	敢担当-勇	能创造-会学习
3	孙浩轩	20	1	13	31	9	77	44	47	11	42	2	9	92
4	雷从容	14	0	6	22	8	74	42	39	6	38	1	5	108
5	刘相汝	12	1	4	2	32	72	60	46	6	39	0	2	97
6	楚涵汀	16	1	6	17	6	72	39	39	6	42	2	3	113
7	侯旭丰	11	0	5	13	7	69	38	34	2	43	1	3	114
8	邹铭岳	12	0	4	26	3	68	39	26	3	41	0	2	84
9	陈佳依	14	1	4	14	4	68	35	34	2	41	1	2	90
10	沙紫桐	11	0	3	27	3	67	38	32	1	43	1	1	104
11	孙嘉恺	12	1	3	7	4	67	38	29	2	38	0	1	90
12	朱洺豐	14	1	5	8	5	67	37	33	4	41	1	2	91
13	梁经仑	9	0	2	11	1	67	35	28	1	40	1	3	74
14	王佳馨	11	0	3	14	1	66	36	30	0	39	2	0	99
15	袁艺洋	10	1	2	12	1	66	36	30	0	42	1	0	92
16	张译心	13	0	2	9	1	66	36	30	1	44	2	0	91
17	司汶鑫	10	1	3	7	1	66	35	30	0	39	3	1	123
18	刘宜嘉	10	0	3	23	1	66	35	31	1	42	1	0	91
19	常丁凡	11	1	3	11	4	65	37	33	3	42	2	1	85
20	王子今	11	0	2	19	1	65	36	32	1	44	1	1	109
21	尚筠然	10	1	2	14	1	65	36	31	0	40	1	0	85
22	宁若曦	9	1	3	9	1	65	35	31	0	41	2	1	108
23	郝奕雯	8	0	2	3	1	65	35	29	1	39	0	1	66
24	李韵涵	10	0	2	7	1	64	35	30	0	41	2	0	101
25	王泳捷	11	0	3	4	2	64	35	29	1	40	0	0	68

图 4.1　学生数据报表(宋祥玉老师班)

小学生综合素养评价系统不仅可以分析班级学生,还可以分析班级在年级中的情况。图 4.2 是胡杨老师班的评价数据。2019 年 11 月,本班在“会学习”

中平均得分为 2.36,接下来可以在级部中进行数据对比。借此可以发现班级的闪光点和薄弱点,可以就某表现进行重点培养。

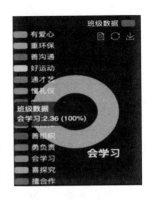

总之,小学生综合素养评价系统在日常学校教育教学生活中发挥着不可或缺的重要作用,它既可以对学生的表现做即时的评价,又可以综合数据评价学生一段时间的表现,老师和家长都可以全面地了解学生在家与在校的表现,促进学生的健康发展。

图4.2　班级数据(胡杨老师班)

二、多维度评价,完善德育体系

小学生综合素养评价系统的目标之一是通过多种评价提高学生的综合素养。课堂是教育教学的主阵地,评价系统的课堂指标在课堂教学中的使用就取得了很好的效果。教师在课堂上用平板电脑对孩子的课前、课堂表现及时进行评价,记录下孩子们在课堂上的每一个精彩瞬间。教室里的"班班通"大屏幕上即时显现教师对被评价学生的评价内容,实现评价的可视性,激发学生主动学习的愿望与兴趣,极大提高了学生的学习积极性。同样,评价系统与德育课程评价相结合,对学校的德育课程建设也起到促进作用,与常识评价相结合,强化学生对德育常识的认识及应用。

(一)课堂评价,与课堂习惯培养相辅相成

一般意义上讲,好的课堂学习习惯包括充分的课前准备、积极的课堂状态、及时有效的课后复习三大方面。就课前准备而言,学生在上一节课下课后应能收拾好上节课相关书本,并准备好下节课所需书本及其他材料,然后进行充分的课间活动后,及时回到教室,为正式上课做好课前准备。结合小学生综合素养评价系统,这一点的落实,对于不同学段的学生有不同的方式。课前准备的习惯养成依赖于老师,因此班主任老师与任课老师应配合做好评价,各科老师对课前准备做得好的同学,在"能创造——会学习"方面进行点赞,形成榜样的力量,激励其他同学。同时,在养成教育的过程中,老师也应采取家校联合的方式,让学生在家也养成做好学习准备的习惯,让家长在"会生活——能自理"素养中进行点赞,或者输入自己的评价,与老师有效互动,最大限度地促进好习惯

的养成。

与此同时,素养培养绝不仅依赖于每天的评价,班主任、任课老师的日反馈、周小结,以及家长的评价作为一项重要的数据也被纳入每周小结,以评选"好习惯之星""我是老师小助手"等荣誉称号,促进好习惯的养成。对课前准备的习惯是这样,其他习惯如课堂学生坐姿、发言小组合作亦然,班级卫生也会由班级检查员汇报卫生检查记录,卫生委员结合班级同学表现进行总结汇报,这些都可以利用小学生综合素养评价系统实现好习惯的养成。小学生综合素养评价系统的点赞,对老师而言是选中素养进行评价,对学生而言却是学习、品行等每一素养的具体评价,老师的评价不再是一个"好"字、一句"真棒",而是具体到某一细节,学生对照评价知道自己的不足和努力的方向,真正发挥评价的导向作用。有的素养采集点不能每天就进行点赞,所以我们在每周一的班会课上会进行总结,根据汇报情况进行点赞。

(二)德育评价,与德育课程建设有机相融

道德与法治课是班主任老师开展德育工作的重要阵地。评价系统与道德法治课相结合,使学生的综合素养提升有了事半功倍的效果。我校陆续有使用评价系统的优秀道法课例,比如李婷婷老师的"乘梯安全记心中"通过生动的语言、鲜明的事例让学生了解并掌握了安全乘坐电梯的概念,整堂课多方面运用评价系统,使得课堂锦上添花,在崂山区安全课例评选中最终获得二等奖。在李老师的课例中,在了解并总结乘坐电梯时的注意事项时,借助小组互动的形式,依据素养采集点中"能创造——善合作"之"学生根据自己的特长进行分工,组员能够遵守秩序,各司其职,相互配合,完成自己的任务",通过教师与学生的双向评价给予组员相应分值。孩子们通过小组合作探究的形式,探究电梯发生故障时应怎样应急。在探究过程中,通过生生互评的方式,为汇报的孩子们赋予相应的分值。对于听讲特别认真、思维比较活跃、积极参与到课堂中与老师一起模拟乘坐电梯并做出正确的反应的孩子,我们依据"能创造——会学习"中的各指标给予实时点赞,孩子们通过评价系统的"弹屏",能够马上看到,这肯定是对孩子上课状态最好的认可。

低年级学生在自我照顾、管理方面有很大的提升空间,所以在"会生活——能自理"方面,我们希望学生有一定的自理能力,因此对低年级的学生,我们会

充分利用校本课程,教给学生基本的生活自理常识,比如系鞋带、收拾书包、整理小柜子和课桌、保管好自己的物品,学过知识之后,还通过各类比赛,比如"收纳小能手"比赛、系鞋带比赛,内化这些自理能力,让学生在玩中学、学中做,学会料理和安排自己的学习生活。多彩的活动与比赛让对学生的评价不再是单纯的点赞,还可以利用照片、打卡,让学生的评价数据也丰富起来。

（三）常识评价,与强化德育常识优势互补

学校教育该给学生怎样的校园生活? 在培养熏陶小学生的过程中,该怎样为学生创造有价值的教育活动? 我们试图通过小学生综合素养评价体系的"懂常识"知识库把教育的大道理回归到普及小常识。

我们把生活中、学习中需要养成的良好行为习惯分条罗列、层层深入、分等级过关,比如在安全教育方面,我们就有交通安全、食品安全、防溺水、安全用电、防火教育等,另外,我们还会有自我保护、卫生习惯教育等。我们针对不同年级学生的生理、心理特点将德育内容从低到高细化为不同的具体行为,学生习得德育知识、养成习惯后可通过答题形式通关,在"懂常识"方面得到不同的分数评定。根据学生的答题数据,我们也可以有的放矢地、有重点地进行德育教育。

小学生综合素养评价系统一方面以现有的评价体系对学生的综合素养发展提供着引导和指向作用,另一方面又随着社会的发展、学情的变动历久弥新,焕发着生机。学校经常会有学生出去参加一些竞赛,如国防知识、应急安全等比赛,这些同学能去参赛,首先要通过"懂常识"相关题库的选拔,同时,他们又会把自己在比赛期间学到的新知识回馈到"懂常识"题库中,丰富题库内容,也使得题库更加系统化。再如新冠疫情期间,我们及时更新题库,增加了新冠肺炎相关知识,让学生获得前沿且实用的疫情防控常识。

每年春夏都是溺水事故高发期,这一时期,我们会通过教师宣讲、材料宣传进行防溺水教育,同时,定时进行"懂常识——预防溺水"题库过关,确保安全教育及时、到位。再如国家开始倡导实施垃圾分类之后,我们也增加了垃圾分类的常识,同时让学生和家长共同参与评定,由一个孩子带动一个家庭,一方面确保"懂常识"题目与时俱进,常更常新,另一方面,确保垃圾分类常识普及到每个家庭,使垃圾分类真正成为新时尚。

小学生综合素养评价系统在课堂上通过不同的评价维度和评价方式,进一步丰富德育的手段,建立和完善以促进学生综合素质提升为目的的德育体系、课程体系、实践体系和评价体系,形成促进学生健康成长、全面发展的教育机制和良好氛围。

三、丰富班队会活动,综合评价促成长

班队会是学校德育内容的重要一环,它以班级活动为主要载体,是在班主任的指导下,班级成员共同参与的具有明确的教育目的、灵活的教育时间、严谨的内容设计的系列主题教育活动。我们的"一会"指的就是班队会课,我们的班队会课除了日常一周班级工作的总结与布置,还包括小学生综合素养评价系统的使用,即确定班级素养采集点和总结评价工作。

(一)利用班会时间,制定评价计划

小学生综合素养评价系统共涉及十六个素养采集点,不可能面面俱到地去采集、评价,所以每一个反馈周期之初,老师们会根据学校的工作安排、班级的实际情况,在班会时,确定一段时间的评价点,并带领学生对涉及的素养点进行分析、学习,让学生明确目标,知道该朝什么方向去努力。学校很多班主任老师集中选取了午餐、运动、卫生、学习四方面进行长期的数据跟踪,它们主要涉及以下素养采集点:"会生活——能自理""会生活——重环保""有情趣——好运动""能创造——会学习"。因此,在班队会上,老师都会就这一周以上几个素养点的评价情况进行反馈。当然也会不定期采集其他素养点,比如学校每年三月都会开展"学雷锋"活动,学生自愿在家长委员会的组织下参加废品回收活动,积攒的钱用于帮助贵州山区的贫困学生,所有参加这项活动的同学都会获得"会生活——有爱心"的赞。还有班级的好人好事,如主动修班旗、拾金不昧,这样的情况,就随时发生随时点赞表扬,引导全班同学们向榜样学习。

再如就餐,前文提到陈宁老师是对高年级学生的评价落实,其实文明就餐在各学段评价系统的落实都有不同,一、二年级学生在教室就餐,比较好管理,学生升入三年级就会改换到大食堂就餐,就餐环境、方式都发生了众多变化,如学生开始自主打饭,新的取餐、就餐方式,敞开式的半自助就餐环境,难免让学生兴奋不已,就餐纪律就成了主要素养采集点。因此三年级初,经班会课讨论,

老师与学生共同确定把"会生活——重环保"作为一个重要的评价点。从一进食堂开始,到等候打饭、排队打饭、小组就餐,评价过程每个环节都有我们的观察员。餐后午休第一件事就是公布哪些同学就餐纪律好,可以得到赞,哪些同学需要继续努力,暂时没有赞。渐渐地,学生的文明就餐好习惯就养成了。在确定班级大部分同学已经养成文明就餐的好习惯后,老师们会及时更换评价素养点,换成点赞"光盘行动",在"会生活——重环保"这一素养中明确提出要珍惜、节约粮食,争做"光盘"小能手。每天就餐做好记录,凡是做到"光盘"者皆可得到赞,学生就每天吃完饭后先由桌长检查,检查通过后再到生活委员处,在平板电脑端进行相应的素养点赞。

(二)放权学生互评,丰富评价方式

经过前期的积累与养成,学生到了中高年级大多都能做好课前准备,此时,老师可适当放权点赞。小组长将课前准备做得好的同学汇报至学习委员,学习委员进行点赞评价。这在减轻老师负担的同时,也能培养学生的自主能力。而对这些老师的小助手,老师又可以在"敢担当——善组织"里进行点赞,有意识地培养学生的组织管理能力。"善组织"对不同年级段的学生提出不同的要求,促进学生组织能力的螺旋上升,比如在低年级有一项是"我是小小领读员",学生做到"主动领读,站姿标准,声音洪亮,口齿清楚,领读效果良好",就说明学生有一定的组织能力。所以,在低年级,我校几乎每个班的早读都会有一个领读员领着大家早读,领读员还会定期循环,给每个学生都有锻炼的机会。领读员的培养促进了低年级学生组织能力的锻炼。到了中年级,学生的组织能力这一素养的采集就变为"我是老师小助手"和"我当班级小管家"两项,对学生的组织能力有了更宽泛的定义和测评,两项都要求学生能认真履职,包括帮助老师点赞、记录小组得分。其中,对三年级学生小管家的最高要求包括"创造性地找到小管家的工作",并能"在过程中善于总结方法并积极地向他人介绍经验",这对中年级学生的组织能力提出了较高的要求。三年级已经有了进行"创造性的工作"的要求,所以,到了四年级就对学生提出了"我有金点子"的要求,如果学生可以做到"为班级中遇到的问题献言献策,提出有针对性、有建设性的建议,并被采用,取得良好效果",这一素养点可以评 3 分(满分)。学生在三四年级在各方面都会有一个阶梯性的提升,在培养他们的组织领导能力的时候,很多班级会涌现出出色的小管家、小助手,比如冯丹老师班的辛雨珊同学,每天早晨自觉组织早读,在老师没有嘱咐的情况下,还能够督促部分学生,这就做到了"创造性地找到小管家的工作",是老师名副其实的好助手、班级的好管家。家校联合的方式适用于任一学段,中高年级可以有重点地就课前准备这一习惯养成较弱的同学进行丰富的互动评价,比如拍照打卡、输入评价等,形式更加多样地帮助学生养成习惯。

在"敢担当——善组织"这个素养中也提到了对老师的小助手奖励相应的赞,这是老师用好评价系统的一个重要法宝。尤其到了重大活动,老师分身乏术,没有时间抱着平板电脑进行评价,所以我们就安排了老师的小助手,专人专项负责点赞,班里有负责纪律的、负责卫生的、负责食堂的、负责考勤的、负责各种材料按时上交的、负责各学科的统计员等,每到一个该评价的时间节点,小助手们就会手持平板电脑根据具体情况及时地给同学们点赞,同学们也很认真、很积极地努力工作,因为每个月全班交流时同学也会对岗位负责人进行工作评价,认真负责的同学会得到三个赞的奖励,一般负责的得到两个赞的奖励。学生的参与既提高了评价的效率,又增强了学生的自主管理和组织能力。

评价系统的数据库过程性地、分门别类地、忠实地记录了学生在小学阶段的表现,组成数据库的各类数据报表是评价系统对学生发展轨迹的记录和指引。经过一段时间有重点的评价与追踪,数据库收集学生获得的评价后,智能分析系统将分项目归纳学生的表现,学生可以通过软件,直观看到自己的优势、不足,提高自我认知水平,分析找出自己的努力方向,有的放矢地进行学习。这样学生知道自己擅长什么、今后努力的目标是什么,有利于促进学生的主动学习。

四、着眼评价实践性,多彩活动落实综合素养

我们的小学生综合素养评价系统是为了培养小学生的综合素养,所以强调评价的实践性,关注学生的学以致用。因此,我们也把各项活动、选修课等校本课程都纳入评价维度,引导学生综合发展。

(一)评价促进理想信念教育

针对"敢担当——有理想"这一素养,我们希望培养"具有远大目标和理想,

又能够脚踏实地地做好每一件小事的现代小学生",因此,学生的理想信念教育贯穿他们的小学阶段:低年级时通过校训和社会主义核心价值观的学习、背诵,了解我国国情;中高年级,逐步开展理想信念教育,学习制作切实可行的计划和目标,关心国家大事,了解世界,通过阅读与实践,初步具有一定的全球视野。教育活动的开展形式多样,演讲汇报、手抄报、阅读写作……因为形式开放,所以我们多采用生生互评的方式评价学生的这一素养,使学生在学习与评价过程中逐步实现做一个"有理想"的小学生的目标,促进学生综合素养的提升。

学校长期的理想信念教育,使得学生有强烈的爱国主义情感和集体荣誉感,因此,在学校开展的体育节、科技节、艺术节等各类大型活动中,学生发挥特长,在不同领域有了各自的发展与收获,为班级、为学校争得了荣誉。我们学校优秀的社团,如机器人社团、健美操社团、乒乓球社团,都曾在市级、全国乃至全世界的比赛中夺得殊荣,这些会在评价系统在美育、体育、劳动教育评价中的运用部分进行详细介绍。

(二)评价提升综合素养

课下、校外,家长和同伴会用多种方式,把学生在课堂外学习的表现也收集到大数据库中,给学生发展提供更全面的数据支撑。青岛市自 2018 年提出"十个一"发展规划,各学校积极促进"十个一"进校园、进家庭。比如"掌握一门新的劳动技能"就可以放在家庭中重点培养。家长与孩子共同制定学习一门劳动技能的计划,家长通过评价系统,在点赞的同时,还可以以评语的方式评价孩子每次的进步,记录孩子养成爱劳动的习惯的过程,也是让孩子健康成长的一种好的方式。

参加各级各类比赛都会涉及团队合作,这就是"能创造——善合作"的培养目标,我们希望学生能有"良好的合作精神,善于在工作和生活中运用合作解决问题"。比如我校的优秀社团——机器人社团,2016 年至 2019 年,每年都在国际 VEX 机器人大赛中勇夺金奖。机器人比赛是对团队协作与创新的考验,由此也可以说参赛的同学完全具有了"善合作"的素养。其他诸如我校健美操社团、乒乓球社团、羽毛球社团等的成员们,也都发挥了团队精神,精彩地展现了自己,展现了学校的风采。

在"敢担当——勇负责"这一素养中,提出对国家与社会负责的目标,包括

"加强国际合作与交流"。我校的中加浸润学习项目已经连续开展超过三年,每一届参加浸润学习的同学与当地的学生同吃、同住、同玩、同学习,与寄宿的家长、伙伴一起制定计划、参加家庭活动、外出购物、滑冰等,也与当地同学、老师讨论大家共同关心的人类重大问题,提升自己的责任感。回国之后,他们还会面对班级、学校做汇报交流,所有这些活动使得参与的同学在安全、语言、生活自理、国际视野等各方面的能力都有了很大的提升,不仅实现了"勇负责"的目标,还全面提升了个人的素养,为"会生活、有理想、敢担当、能创造"的小学生做出了完美的诠释。

(三)评价促进家校合作

小学生综合素养评价系统公平公开的设置,让家长每天都可以及时了解老师对孩子的评价,了解到孩子在学校的表现。封相彩老师班级的一位家长经过长期的跟踪了解,发现自己的孩子在卫生、纪律、两操等方面的常规表现都很好,也能及时地上交作业,纠正错误。但是,从点赞数上看,孩子发言却不是很积极。家长非常了解自己家孩子,其性格比较内向,但又希望孩子可以多锻炼自己,从而培养孩子积极思考,勇于表达的能力。家长可以以点赞情况为抓手,经常和孩子任课老师沟通,共同想办法帮助孩子在这方面进行提升。慢慢地,家长发现孩子发言获得的赞越来越多,家长与孩子一起关注评价,通过一阶段的观察,孩子可以直观地看到自己的进步,学习动力也越来越足。慢慢地,这种学习动力也由获赞的外驱力转化为自觉的内驱力。公平公开的评价设置,保证了评价结果的过程性和真实性,有利于消除家长、社会对评价的质疑,保证了评价激励的公信力,有效地促进了家校合作。

小学生综合素养评价系统的数据库通过分析学生个体数据,关注学生的个性差异、发展需要和潜在能力,促进学生个性化的发展。小学生综合素养评价系统的数据分析与诊断,又可以帮助老师和家长及时发现教育教学中的优势与问题,有针对性地调整、改进教育教学行为,这也是我校有效利用大数据促进学生综合素养提升的重要体现。

立德树人是教育的根本任务,小学生综合素养评价系统的应用与实践通过德育发展、社会实践、身心健康维度的评价,培养学生的社会责任感,引导学生积极参加各项文体及社会实践活动,引导学生积极参加体育锻炼,拥有健康的身体,养成良好的心理品质,促进了学生的可持续发展,也推动我校生活教育的发展。此外,借助小学生综合素养评价系统的智能分析,每一个学生都会有一个自身发展的数据资源包,这个资源包里包括其生活能力、情趣修养、责任担当、学习创造,甚至是心理、性格、思维方式的特征,为学生家长、学校以及社会提供科学的数据分析,有助于其了解学生的思维方式、学习成绩、爱好特长等,对学生今后的学习生涯、职业生涯具有极大的指导意义,能够帮助学生成长为未来社会真正具有竞争力的人才。

第三节　小学生综合素养评价系统对德育成效的影响

德育作为一种相对独立的社会实践活动,对个体的发展、整个教育活动的实施、社会的进步都具有重要功能。德育目标是一切德育活动的出发点和归宿,引领着学生思想品德的发展方向。"德育过程是对学生的知、情、意、行等方面的教育和熏陶"[①],其中,道德认识是学生品德发展的前提和基础,正确的道德认识能促进正确的道德行为的形成,道德认识要转化为道德行为,需要一种驱动力,这就是道德情感的作用;道德意志对学生的道德行为起着维持稳定的作用。判断一个人的道德品质,要听其言,更要观其行,即道德行为,这是衡量个体思想品德水平高低的重要标志,而且这种道德行为是指已经形成一种固有的高尚的行为习惯,不是偶尔的行为。所以,实现德育目标需要学校及教育工作者选择合适的德育内容、采用恰当的德育方法、设计高效的德育途径,以及建立规范的德育制度。

小学生综合素养评价系统为德育目标进一步实现提供了强有力的保障,用更具科学性、系统性、实用性的方法,不断促进学生的道德水平提升和思想品德内部矛盾的积极转化,推动学生树立远大目标与理想,学会脚踏实地做事,成为懂得生活、富有情趣、敢于担当,拥有人文气质、山海品格的现代小学生。

---

① 李潮林,何宇惠.大数据助力学校德育精准化探析[J].黑龙江教育学院学报,2019,(12).

一、学生层面

小学生综合素养评价系统能够有效督促学生在日常学习和生活中的行为，使学生树立正确的"三观"，养成良好的习惯。美国心理学家桑代克提出了一系列学习的定律，其中效果律对培养学生的品德有建设性的意义。"效果律是指学生在日常的学习过程中，老师给予学生的各种正向或负向的反馈意见，在一定程度上会加强或减弱学生在头脑中已经形成的某种联结。"①效果律也是三大学习规律中重要的学习定律。这就意味着学校在对学生的教育中应及时反馈，对学生应该以正面教育为主，多奖励和表扬。

小学生综合素养评价系统能够及时对学生的行为做出反馈，告诉学生正确的发展方向。如点赞机制和提醒铃铛，让学生在礼仪方面形成懂礼貌，尊敬师长，团结友爱，不打闹喧哗，在升国旗仪式中保持衣着整洁、脱帽肃立、行队礼、唱国歌等良好行为；在讲卫生方面，学生坚持做到保持地面清洁无垃圾，物品摆放有序，外出时不在公共场所、建筑物上涂抹刻画；在遵守秩序方面，学生们学会了上课铃响后，快速安静地进入教室准备上课，上下楼梯或走廊内能自觉靠右行走，礼让同学或者老师，不蹦跳，不跨越台阶，就餐时轻拿轻放、有序打饭等行为习惯；在自我保护方面和安全教育方面，增强了学生的自身安全意识，提高其自我保护能力，而且促使学生掌握了一定的应急自救技能；在培养学生爱心方面，促进学生做到拾金不昧、尊重和帮助残疾人、有集体荣誉感、爱祖国、爱家乡、爱学校、爱班集体等；在表达方面，提高了学生与人交往的能力，学会做到与人交谈时不随意打断别人、上课时能乐于表达自己的想法和观点、态度自然大方等。

二、学会技能层面

"纸上得来终觉浅，绝知此事要躬行"，培养综合素质全面提升的学生，必须要将这一理念贯穿始终。在校园生活中，学习掌握科学文化知识是学生的必修课之一，实际操作技能也需要得到充分锻炼。

---

① 邱德峰.学生作为学习者的身份建构研究[D].重庆：西南大学，2018.

　　我校巧妙地抓住节庆日、纪念日和其他重大时间节点,坚持做到落小、落细、落实,促进各项活动更加富有儿童化、生活化、时代化的特点,通过不断创新少先队活动形式,精心策划,以学生们喜欢的活动形式为基础开展各项活动。我校相继举行了"听习爷爷的话,向十九大献礼""争做新时代好队员""小手拉大手,共筑碧水蓝天"等系列活动,以及"你好,新时代"、"心愿直通车"(向西藏地区捐赠物资,与贵州安顺拉手帮扶)、"祖国发展我成长,红领巾点赞新时代"、升旗仪式常态化、"我与祖国共成长,争做新时代好队员"(建队日主题活动)、宣讲红色故事等主题活动。为庆祝新中国成立七十周年,我校还承办了全市未成年人"向国旗敬礼"活动的启动仪式。学生在这些活动中通过精心制作手抄报、录制微视频、制作横幅、绘制交通温馨提示卡、参与植树等方式,不仅锻炼了劳动技能,也深入学习了革命先烈的爱国主义精神,更加领会爱国的意义。同时,每年秋季,我校都会如期举行为期四天的赴劳动教育基地实践活动,队员们参与做大馒头、制作牛轧糖、制作寿司、种植黄瓜、锄草喂动物、做脸谱、剪纸、茶艺、泥塑等活动。学生不仅学会了自己设计样式,还能做到与同学合作,共同进步。这些活动既培养孩子们善于思考的能力,也使学生们明白了"一茶一饭,当思来之不易,半丝半缕,恒念物力维艰"的道理,并引起学生对中国传统民间艺术的兴趣。

　　通过各种形式丰富多彩、内容贴近生活的活动,学生们在学校不仅学到了科学知识,同时还掌握了各项技能。

三、教师层面

　　德育过程中,教育工作者扮演着组织者、领导者的重要角色,其身上映射着一定社会的思想道德和德育要求,在德育过程中发挥主导作用。为了更好地保证德育活动的效果,需要教育者依据德育目标对整个德育活动进行有序控制。小学生综合素养评价系统实现了由注重学生成绩转向在关注学生学习结果的同时更关注学生的学习过程的转变,更加注重学生的道德素质培养。教育者突破了以说服教育法为主的传统手段,运用多种手段与途径对学生进行思想品德教育,如榜样示范法,有血有肉、有理有情的鲜活人物带给人们的影响,远比高谈阔论大得多,以榜样人物的先进思想、优秀事迹、高尚行为来影响学生的思想和行为,引领其理解优秀品质的社会生活意义,从而激励孩子们奋发向上。示范的榜样不仅是历史人物、时代英雄或文艺形象,还包括家长、老师、同学等与我们生活密切相关的平凡人物。又如实践锻炼法,老师组织学生参加学习、劳动等,使学生自主依据规章制度进行经常性、坚持性、自制性的行为练习,我校在此方面组织了包括学生守则训练、课堂常规训练、卫生常规训练、礼貌常规训练等多种活动,为学生在生活和实践中养成良好的心理品质打下坚实基础。情感陶冶法是对学生进行品德教育的好方法,教师利用高尚的情感、美好的事物和优美的环境感染与熏陶学生,以境染情,以境触情,对学生进行耳濡目染、潜移默化的影响,使学生在认识上和情感上逐渐趋于完善。再如道德修养法,教师注重激发学生的自主能动性,指导学生掌握道德修养标准、自主进行学习、自我反省,鼓励学生形成自我学习意识、自我评价能力,包括让学生自主明确奋斗目标与人生志向,选择座右铭等。还有品德评价法,亦称奖惩法,奖励的目的在于通过对学生的思想和行为进行积极肯定的评价,引起学生愉快的体验,最终促成提升学生的健康思想品德和巩固优良行为习惯的教育效果,奖励包括三种形式:一是赞许,是对学生良好品行表示赞同和肯定;二是表扬,采取口头表扬或书面表扬等形式,对学生优秀品德和正确行为做出较为正式的评价;三是奖赏,在精神或物质层面上,对学生较为突出的表现进行奖励,如评选三好学生、分发奖状等。

我校实行"五亦"课堂主题活动,将学校、食堂、家庭、自然、社会作为生活教育的主阵地,设置了丰富多彩的主题活动,老师们通过这一系列的课程,将德育渗透在学生学习与生活的方方面面。同时,我校还建立了有秩序、有组织的护导机制,对每一位老师进行位置分配,老师们每天按时到岗,明确岗位职责,一方面对学生安全起及时防护的作用,另一方面当学生出现一些需要制止和改变的行为时,护导老师也会耐心指导,帮助学生们树立正确的价值观,尊重学生的同时严格要求学生,真正成为学生们的良师益友。老师对整个德育活动控制更全面,更有体系理论支撑。

四、家庭教育层面

苏联著名教育家苏霍姆林斯基曾经强调过:"没有家庭教育的学校教育和

没有学校教育的家庭教育,都不可能完成培养人这一极其细致而复杂的任务。"这一观点说明了家庭教育在孩子成长过程中的作用是至关重要的。从古至今,家庭教育就倍受人们关注,家庭是每一个人成长发展的起点,对孩子来讲,是接受教育的开端,父母也是孩子的启蒙老师。著名心理学家劳伦兹最早提出"关键期"这一概念,他认为这是学生的个体发展过程中,环境影响起最大作用的一个时期,也就是人们常说的早期教育阶段,这是儿童身心发展的关键期。在这一时期,家长的教育所产生的影响可能会伴随孩子一生。纵观人类进化文明史,许多仁人志士,著名的科学家、文学家、艺术家等在幼年时候都受到良好的家庭教育的影响,这也是促成他们日后取得成就的重要因素之一,如孟子。孟母三迁的故事大家都耳熟能详,年幼的孟子具有很强的模仿性,孟母为了教育儿子成才,为他选择良好的环境,创造学习条件。这对孟子后来成为我国著名儒家学派的代表人物起着关键作用。反之,在孩子发展的关键期,良好家庭教育的缺失甚至会影响孩子智力的正常发育,如众所周知的印度"狼孩"卡玛拉。印度的传教士在丛林中发现了与狼生活习惯一样、不会双脚站立、只能四肢爬行、吃生食、惧怕阳光、像一般野兽那样昼伏夜出、十七岁时却只有三四岁孩子的智力水平的"狼孩"卡玛拉。由此可见,如果孩子在发展的关键期没有良好的家庭教育做支撑,会出现一些非预期性的行为,所以,家庭教育的早期性作用不容忽视。而但作为国民教育三大支柱之一的家庭教育几乎仍然是自然原始状态,缺乏科学指引、系统方法等理论指导,往往容易忽视甚至抵触现代技术的应用,造成教育手段的匮乏。

随着孩子年龄的逐渐增长,其人生观、世界观、价值观也在不断地发展与完善。孩子将走出父母为他们建造的象牙塔,与外界更加复杂的生活世界有更多的接触。现实社会中普遍存在的真、善、美与假、丑、恶现象也将给孩子们带来更多直观的感受,有时甚至对孩子造成一定的冲击。但孩子们心智多具有不成熟性,不易辨别事物的正确与否,这个时候良好的家庭教育显得尤为重要。对于一些不可避免的社会丑陋现象,家长应该及时准确地给予孩子引导,不能盲目逃避,要提高孩子的辨别能力,同时也要随时注意自己的言行举止是否得当,以身作则。

良好的德育效果需要学校、家庭和社会各个方面的共同努力,而统一明确的德育目标和小学生综合素养评价体系更有利于各种教育理论形成合力,为家长在培养孩子品德素养方面提供了有效依据。

五、学校层面

改革开放以来,我国基础教育的改革和发展取得了辉煌成就,为经济、社会发展注入强劲动力。在新一轮基础教育课程改革(简称"新课改")的引领下,我国强调评价和考试制度应与素质教育理念相一致,改变过往课程评价过分强调甄别和选拔的功能,提倡发挥评价改进教学、促进发展的功能。尽管我国教育与研究水平的发展迅速,但评价方式的转换并非一蹴而就,而是需要先进教育理念的引领。加德纳教授的多元智力理论为我国新课改"建立促进学生全面发展的评价体系"提供了坚实的理论依据与强力支撑。他认为,人在实际生活中所表现出来的智能是多种多样的,包括准确感知视觉空间的才能、善于运用整个身体表达想法或改造事物的能力、有效理解别人及处理人际关系的能力、内省智力、音乐智力、自然观察者智力、语言智力、数学逻辑智力和存在智力共九种。这就要求教育者在评价学生的时候,应该坚持全面的观点,多角度,分层次,不搞一刀切,不随意否定学生,建立与素质教育理念相符合的评价体系。

小学生综合素养评价系统的有序实施,丰富了在学习及日常生活中对学生进行品德评价的方式。一方面,推动评价方式更为多元化,表现为评价内容的多元化以及评价主体的多元化。内容多元化体现在评价内容对学生的知识技能、兴趣、品德、创新精神等进行全方面覆盖,同时又能够充分尊重学生个体间的差异,以发展的眼光看待学生,挖掘其巨大的发展潜力,针对每个学生自身的独特性,帮助学生学会悦心悦己,树立自信。评价主体多元化更具科学性,从学生的自评、互评到教师、家长共同参与评价,让每一名学生都得到公正且全面的评价,另一方面,实现了评价结果的可视化,学校通过小学生综合素养评价系统实现了对学生的品德发展情况的全方位了解,为后续德育工作提供了现实依据。通过一系列教学活动和德育活动的开展,学生们在日常行为上不仅从好到更完善,也从需要改进到一步步进步转变,真正实现了小学生综合素养评价系统的功能,让评价系统更好地服务于学校教育。

综上所述,德育过程具有长期性、反复性、阶段性等特点。一方面,学生的思想道德不是一朝一夕就能形成的,而是日积月累、从量变到质变的结果。思想道德的形成任重而道远,要经历不断完善和发展才能达到一个比较完美的境界。社会道德因应时代发展而发生变化,这就要求学生坚持学习符合当前社会生活需求的道德行为,以顺应时代进步、社会发展。另一方面,学生意志力薄弱,易受外界因素影响,导致学生的品德发展不会按期望一样直线上升,道德形成会经历一个迂回曲折,甚至暂时退步的过程。德育过程的长期性、反复性、阶段性要求我们教育工作者根据学生的年龄阶段、性格差异等特点,针对性地引导、建设他们的品德,同时也需要持之以恒、耐心细致地教育学生,正确认识和对待学生思想行为的反复,善于反复抓,引导学生在反复中取得进步。

我校小学生综合素养评价系统对德育有着不可或缺的作用,让学校德育以更便于操作的方式来影响每一位学生,也更好地保证了德育活动的效果,达到德育目标。

第五章 小学生综合素养评价系统在教学评价中的应用

第一节 生活教育理念的基本原则

一、生活教育理念的提出

生活是多姿多彩的,孩子们的学习生活、学校生活也应是多姿多彩、令人向往的,可现实却并非如此。比如著名的"钱学森之问"——为什么我们的学校总是培养不出杰出的人才? 再比如很多家长高喊的"不让孩子输在起跑线上"却让自己累倒在现实生活中。这些问题导致了学生对事物的观察、真实的生活体验、基于好奇的探究和追问变成了成长当中的奢侈品。许多人往往将这种现象归因于"应试教育",但还有比"应试教育"更为深层的原因。教育脱离生活之根就是其中之一,主要表现在教育倾向于过早、过强和过度地将学生引入课堂、引入书本和引入名目繁多的考试,同时也倾向于过早、过强和过度地使人脱离自然、脱离社会和脱离生活。这样一来,人扎根于生活深处的创造力不仅没有随着知识的增长而增强,反而遭到了不同程度的抑制甚至扼杀。

陶行知如是说:"生活教育是生活的教育,用生活来教育,为生活向前向上的需要而教育。"教育与生活的关系是密不可分的,教育融于生活之中,生活本身就是教育。教育的作用是培养人才、传承文化、创造价值,而这些都是人类生活的需要,有生活就有教育,教育无处不在。学校教育是教育的一部分,是生活的一部分。教育的诸多问题源自生活也止于生活。教育只有和生活结合才易于被学生所接受,才能发挥其真正的意义。教育要立足于生活、充实生活并发展生活、创造生活。生活是教育的目的,今天的教育是为了明天更好地发展与生活。我们理解的全面实施素质教育,从学校的角度看,就应该注重改善师生的教育生活,提高教育生活的质量。教育生活包括教师与工作相关的生活、学生与"上学"相关的生活,教育生活是否幸福在很大程度上影响着教师和学生是否生活得幸福。素质教育的本意之一应当是提升师生教育生活的质量、提升教育生活的幸福感。生活可以推动教育的发展,教育可以提升生活的品质。"回归生活世界"是当今世界课程变革的重要趋势。1996年,联合国教科文组织发表相关报告确立了面向未来的终身教育的宗旨是"四种基本学习":学会认知、学会做事、学会共同生活、学会生存。这四大支柱无一不是跟"生活"息息相关,这集中体现了教育回归生活世界的发展取向。鉴于此,我校在建校之初经过多方论证形成了"让生活走进学校,让教育回归生活"的"生活教育"办学理念,通过教育与生活的紧密结合,创建合乎现实生活需要、服务学生现实生活的教育,将学校教育立足于学生对现实生活的认知与体验,以此提升学生的学习兴趣,增强学生的学习动机。以生活教育创造幸福的教育生活是我们办学基本的价值追求。

二、生活教育理念下的智育发展

智育是使受教育者通过科学文化知识和技能的学习,发展智力的教育。智力是指在认识方面的各种能力,包括观察力、记忆力、思维力、想象力、创造力、学习力等能力的综合。智育对社会和个体发展具有非常重要的作用,是通过培养人实现的。智育在人的全面发展教育中占有极重要的地位和作用。未来社会主义建设和发展要求未来接班人具有深厚而系统的科学知识以及创造性的才能。学校的智育就是培养未来接班人掌握自然、社会和思维方面最基本的知识,形成科学的世界观,具备创造力、思辨力等综合能力,能够挑战未来,创造未来。苏霍姆林斯基在《给教师的建议》中说道:"智育对于人之必不可少,不仅是为了劳动,而且是为了精神生活的充实。"恩格斯指出:"人的思维的最本质和最切近的基础,正是人所引起的自然界的变化,而不单独是自然本身;人的智力是按照人如何学会改变自然界而发展的。"通过知识的应用,能使学生把获得的知识与实际生活中分析问题、解决问题的各种实际操作结合起来,把内部的智力活动转化为外部的在生活中要完成的实践任务的实际操作。同时,知识的应用、能力的发挥、实践的过程又将反馈刺激内部的智力活动。在实际生活中应用知识的过程中,学生的智育能力得到改进与再提升。

学校智育的基本任务是:向学生传授系统的现代化科学基础知识和技能,大力提高学生的科学文化水平,培养科学态度,为学生奠定比较完全的知识基础;积极发展学生的智力,尤其是创造性思维能力,培育勇于探索的精神,发展学生多方面的兴趣和才能。人的智力在学校得到发展,在生活中也会得到发展,而将学校教育与生活实践有效结合则会使其得到更为有效的发展。在生活教育理念的指导下,我校通过构建生活课堂、打造生活课程、开展"N+1"系列课程等让孩子们的智力得以充分发展。

(一)智育在生活化课堂中生长

课堂是实施智育的主要途径之一。我们在生活教育理念指导下,构建生活课堂,聚焦学生的核心素养,改进课堂教学策略,提升教学质量,让学生智力得以有效提升。

生活化课堂教学要遵循"三原则""五特征""四开放"。"三原则":一是知识的学习要基于学生已有的生活经验和知识储备;二是要把学科知识放到生活情境中组织教学;三是所学的知识要回到现实生活中进行检验。"五特征"即学习内容主题化、授课形式生活化、课堂组织民主化以及学习方式体验式、知识重建发展性。"四开放"即教材使用开放、学习内容开放、学习空间开放、学习方式开放,力求让学生的生命因生活化学习而精彩,让学生获得活的知识、活的技能、活的智力。教师通过指导学生,使其实现文化科学知识的掌握、基本技能的形成以及智力能力的发展的能动全过程。

(二)智育在生活化课程中发展

课程是实施智育的主要载体之一。我校围绕"一个中心、两个着力点"进行了生活化课程的建设,即以"生活教育"为中心,以"基础性课程校本化,发展性课程生活化"为着力点,研究国家课程与生活的有效整合,开展生活教育的校本课程自主开发,构建生活化课程体系(图5.1)。具体体现为:一方面,探索小学各学段国家课程的"主题性、生活化"的实施,在参与、互动、讨论中完成教学目标,即国家课程校本化。另一方面自主开发建设小学生活教育的校本课程体系,围绕"了解生活、探究生活、学会生活、创造生活"的教学目标构建生活化校本课程体系,即校本课程生活化。简言之,即由学科拓展(主题活动和学科实践)、综合素养、个性特长三个部分组成,通过主题活动和学科实践来实施。学科拓展课程体现的是学科知识的生活化实践运用;综合素养课程主要依托的是德育实践;个性特长课程主要的实施方式是选修课和社团。这三方面齐头并进,突出实践与体验,打造生活教育特色,推进素质教育,使得学生智育水平得以飞速提升。

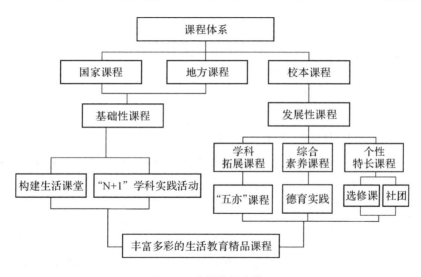

图5.1　生活化课程体系

(三)智育在"N+1"课程中提升

基于生活教育理念的"N+1"系列课程,通过学科内融合,以及"N+1"课程体系学科+学科、学科+生活、评价协同等途径进行综合化实施。其中,"N"是指学科类基础型课程,如语文、数学、英语、科学等基础性国家课程,"1"即为立足学科融合、注重实践运用拓展出的主题项目。它的发展经历了三个阶段,从最初立足本学科拓展出的"N+1"学科实践性活动研究,到贴近生活的"N+1"主题活动课探索,再到各学科融合的"N+1"项目式学习,既培养学生学科能力,更提升了学生综合素养(图5.2)。

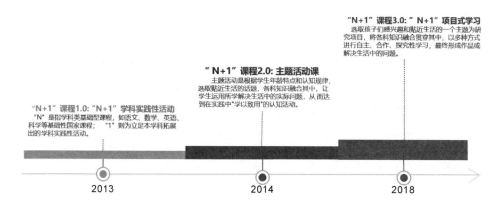

"N+1" 课程3.0: "N+1" 项目式学习
选取孩子们感兴趣和贴近生活的一个主题为研究项目，将各科知识融合贯穿其中，以多种方式进行自主、合作、探究性学习，最终形成作品或解决生活中的问题。

"N+1" 课程2.0: 主题活动课
主题活动是根据学生年龄特点和认知规律，选取贴近生活的话题，各科知识融合其中，让学生运用所学解决生活中的实际问题，从而达到在实践中"学以致用"的认知活动。

"N+1" 课程1.0: "N+1" 学科实践性活动
"N" 是指学科类基础型课程，如语文、数学、英语、科学等基础性国家课程；"1" 则为立足本学科拓展出的学科实践性活动。

2013   2014   2018

图 5.2 "N+1"系列课程探索阶段

1. 第一阶段

"N+1"学科实践性活动就是把某学科的学习重点、核心训练点，以实践活动的方式，把所学知识带入到生活中去巩固、应用、实践，推动学以致用。

2. 第二阶段

以"主题活动"为载体，探索学科融合。我们研究开设了"主题活动课"，即根据学生年龄特点和认知规律，选取贴近生活的话题，把各科知识融合其中，让学生运用所学解决生活中的实际问题。

3. 第三阶段

"N+1"项目式学习即把解决生活中的问题设定为一个研究性项目，在进行项目式学习的过程中，将多个学科的知识融会贯穿其中，学生围绕项目主题，依据评价标准，通过参与真实的活动项目，以多种方式进行自主、合作、探究性学习，最终形成方案，解决生活中的问题。

"N+1"系列课程的实施不仅夯实了育人目标，让学生在活动中巩固了学科知识，提升了综合素养，还使学生在人际交往、社会活动、自然探究的真实情境中发展了自己的智力，养成勇于探究、追求真理、乐于合作、积极进取等良好个性品质。

三、生活教育理念下的智育评价

在教育教学实践中，要使学生智育水平得到提高，评价是重要途径之一。

在生活教育理念指导下的小学生综合素养评价系统,将教育与生活紧密结合。评价体系的构建着手于学生全面发展,评价结果对学校教育教学及家庭教育进行有针对性的指导与帮助,促进学生核心素养的不断提升。生活教育理念下的小学生综合素养评价具有发展性、科学性、客观性、自主性、公平性、激励性、便利性、灵活性八大特点,基于小学生综合素养评价的智育评价同样遵循此八大原则。

　　基于小学生综合素养评价系统的智育评价,以评价体系中"四大关键素养""十二美德""十六表现"为依据,主要通过会学习、喜探究、善合作、乐实践这四项评价指标,在生活课堂、生活课程、"N+1"课程等多方面,进行多维度、多领域、多样化的评价,激发学生多方面的兴趣和才能,培养学生记忆力、创造力、想象力、观察力、思维能力,通过评价释放学生探索和创新的思维,在生活教育理念创造下的智育环境和活动中提升学生的综合素养,以评价推动智育发展,最终实现学生的全面发展。

第二节　小学生综合素养评价系统在教学中的实践应用

　　我校自创建以来,一直以"生活教育"为引领,在日常教学中,逐渐形成了"生活化课堂"的教学方式以及一系列以提高学生素养为目的的学科实践活动。同时,我校一直以来十分重视信息化教学。现如今,小学生综合素养评价系统的及时介入,更是为我校生活化教学和信息化教学注入了全新的活力,可谓将生活化教学、信息化教学和有效评价三者进行了有机整合。

　　在小学生综合素养评价系统的"十六表现"中,与教学直接相关的是"会学习""喜探究""善合作""乐实践"这几个素养点,自评价系统试验以来,无论在日常课堂教学中,还是在课后拓展学习中,这四大方面的素养评价指向提升学生的学科综合素养,并得到了充分的运用。我们通过倾听、表达、探究、合作、实践等维度的评价,培养学生具有主动学习的愿望与兴趣,明确学习目的,端正学习态度,养成良好的学习习惯,结合所学的知识,运用已有的经验和技能,独立分析并解决问题,具有初步的研究与创新能力。我们通过科学的观察、跟进、评测,力求真正发挥评价的反馈和调控作用,指向学生的个性化发展。

下面将分三个方面,介绍评价系统在我校智育工作中的实践应用。

一、聚焦日常智育评价,提升学科综合素养

我校各学科教师,在日常教学中,根据学生各学科素养的要求,以提升学生综合学习能力为目标,充分运用综合素养评价系统,评价、监测、提升学生的各学科素养。教师、家长和学生均能实时了解每个个体在智育上的发展情况,最终目标指向学生综合学科素养的提升。下面就学科常规教学和课堂教学分别说明评价系统在提升学生学科素养上的实践应用。

(一)用好评价系统,落实学科常规教学

在常规教学中,除了我们的生活化课堂教学,每天的日常学科学习具有同等重要的地位。这些学习,往往是学生学习习惯和学习持续性得以养成、提升的重要环节,因此,评价系统使用的介入对学生学习习惯培养和学生学习持续性的发展有不可替代的作用。

在语文学科学习中,素养评价的方方面面贯穿于学生在校一天的语文学习中。例如:语文早读时,老师采用"会学习"中"'十个一之诗',能坚持定期诵读古诗"来评价学生能否认真诵读、学习和积累古诗词;在写字时,采用"会学习"中"自觉遵守读写姿势和用眼习惯,在学习时自觉保持三个一"来评价指导学生的读写姿势;每堂课前,老师采用"会学习"中"完成老师布置的作业,带齐学习材料"来评价学生能否及时完成作业,并做好上课准备等。这些与语文学科相关的素养评价,让教师和学生在日常语文教学和学习时,对个体的语文学习习惯有了明晰的了解,在定期的评价中,有目的地培养语文学习习惯。

我校的英语老师在不断研究评价系统助力英语教学中,逐渐形成了一套较为完善的评价方法,以更好地培养学生的英语学习习惯,帮助学生习得英语学习的方法。在平时教学中,老师们采取日常评价与定期评价相结合的方式。进行日常评价是指对学生日常学习进行评价、记录,包括:利用预习单对学生每天的预习情况进行反馈;采用小测试、课堂复习活动的形式,对学生的复习情况进行及时跟进评价;课堂上关注学生记录笔记的过程,对记笔记的及时和有效进行随时的监测;结合阅读打卡、阅读分享活动与评价,督促学生进行英语的自主

阅读。定期评价属于综合性评价,在月末、学期末进行,针对孩子的小组合作、学习探究、自主创作、实践活动等,结合评价系统中"能创造——会学习""能创造——喜探究""能创造——善合作""能创造——乐实践"进行打分评价。这种日常评价与定期评价相结合的评价方式,对巩固学生英语学习习惯、习得英语学习方法起到了良好的监测、反馈作用。

(二)用好评价系统,助力学科课堂教学

课堂教学是教育的主阵地,学生智育水平的发展和学科综合素养的提升在课堂学习中展现得淋漓尽致。教师在课堂上用平板电脑及时学生的课堂表现、学习状态和学习能力进行点评,记录学生表现优秀的时刻。学生在"班班通"电脑屏幕上会看到自己某个学习行为被点赞,从而增强了学习兴趣和积极性。下面就几个课堂教学环节,说明评价系统的课堂应用对学生学科素养提升的作用。

1.《伯牙鼓琴》

在部编版语文六年级上册文言文《伯牙鼓琴》的教学中,顾老师在课前准备环节出示了本课评价要求:①注意倾听、积极思考,敢于发表自己的见解;②在小组合作中,分工明确、积极讨论,并展示小组的成果。

这里,针对高年级学生特点,老师在课前就出示了本课重点的素养采集项目,让学生明确本课重点,有意识地培养自己的相关语文素养。在下面的教学环节中,老师不断就学生这两个素养采集点的表现进行即时评价。

(1)学生课堂回答交流环节

在本课的教学中,老师根据学生能否做到"注意倾听,积极思考,乐于表达自己的所思所想",适时进行点评和反馈,如:"大家看,他能通过自己的积极思考,读对停顿,为他点赞""想象丰富,积极思考,为你点赞"。

(2)小组合作环节

"请你运用这些方法,在小组中合作学习,看能不能弄懂文章的意思,把不懂的地方做好记号。"

"通过预习和小组的学习,你弄懂了哪些字词的含义? 你来考考同学。"

评价:"你看,这一小组能积极配合,大胆分享小组的收获,给小组每个成员点赞。"

这里,顾老师采用了"善合作——学生能主动组织并参与合作,在合作中遇到问题,能够有效分析协调,自主解决问题"以及"善合作——学生能以小组合作的形式,展示合作的成果"这两项关于合作的素养采集点,对学生进行评价。

整堂语文课,老师重点关注学生"会学习"和"善合作"两大素养点,通过评价、反馈、指导、激励、提升,有层次、有步骤地提升学生的语文综合素养。一节课下来,学生不仅学会了语文知识,更对自己语文素养的水平有了清楚的认识和提升的目标。

2."2、5的倍数特征"

在《义务教育课程标准实验教科书·数学》(青岛版)六年制五年级上册第六单元"2、5的倍数特征"的教学中,张老师为了反馈、评价学生在数学上的探究能力,多次在教学环节中设置了对学生探究能力的考察和评价。

(1)创设情境,感知规律环节

"学校决定举行一次团体操表演,有以下3种方案供各班选择。"(出示图5.3)

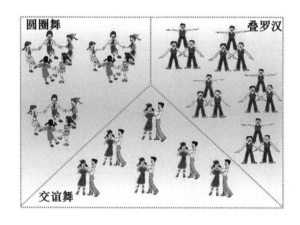

图5.3 方案情境

"请同学们仔细观察,发现了哪些数学信息?"

张老师在这里关注到了学生在数学学习中探究能力这一重要素养,于是针对"喜探究——学生已经具备问题研究的意识,会对自己喜欢的问题进行追问"和"喜探究——学生能够发现实际问题,运用各种方法探索解决问题"这两个素养采集点进行评价反馈。

（2）自主探究、发现规律环节

"要研究5的倍数有什么特征,首先应该怎么做?"

"那么大于100的自然数,是不是只要个位上是0或5,也是5的倍数呢?请同学们每人举一个大于100的个位分别是0或5的数,用计算的方法验证一下。"学生举例,计算验证。

集体交流时,教师追问:"你是怎么验证的?"

在这些问题上,教师深入关注了学生在探究能力中的"类比能力""归纳能力""综合能力"及"实际解决问题的能力",从而进行了评价。

整节课,张老师重点关注学生探究能力的发展,对学生在探究性问题解决上的表现进行即时的评价、反馈,学生在课堂上的探究能力在即时评价的激励下不断提升。

评价系统在生活化课堂中的运用,不仅给教师提供了监测、评价学生综合智育水平的依据,有利于教师转变教学思维和教学方式,也为学生提供了明晰的自我学科素养能力水平和提升空间的依据,以便扬长补短,不断进步。下面我们以我校李老师在智育评价上的具体数据为例,来说明评价系统在智育发展上的作用。

作为语文老师,李老师首先从素养点中选取了"能创造——会学习"对学生进行了长期的数据跟踪。经过一段时间的跟踪调查,确实发现了一些问题(表5.1、表5.2)。

表 5.1　个人数据(一)

姓名	"会生活——能自理"	"会生活——重环保"	"有情趣——好运动"	"能创造——会学习"	总数
原一文	24	16	50	64	154
李贤昊	22	14	55	60	151
陈康	20	16	50	55	141
顾心怡	20	5	50	62	137
郭佳佑	20	13	51	52	136
吴宗翰	12	12	44	59	127

续　表

姓名	"会生活——能自理"	"会生活——重环保"	"有情趣——好运动"	"能创造——会学习"	总数
鲁子妍	16	6	53	50	125
韩一肖	11	9	53	48	121
高宇睿	13	7	46	55	121
魏子宁	14	4	47	56	121
魏梓芮	24	2	46	49	121
赵雅淇	15	2	46	57	120

表 5.2　个人数据（二）

姓名	"会生活——能自理"	"会生活——重环保"	"有情趣——好运动"	"能创造——会学习"	总数
郭承睿	13	2	44	39	98
田雨顺	11	5	41	40	97
任资怡	8	3	43	42	96
王文锐	9	4	40	42	95
郑楷霖	15	3	41	36	95
洪浩然	8	3	44	39	94
郭博文	10	3	40	34	87
张哲豪	8	4	35	36	83
刘骐诚	8	2	38	32	80
戴镇宇	8	2	33	36	79
田家豪	8	2	24	27	61

　　纵向观察两表,可以发现表 5.1 的学生在"会学习"这一素养上的得赞总数比表 5.2 中的学生高,这与平时老师的观察基本一致。这验证了评价系统的有效性,证明表 5.2 中的学生在学习习惯、学习能力上有一定欠缺,需要老师在接下来的教学中更加关注这部分学生的智育素养发展。

　　再如表 5.3 表 5.4 中,顾同学 10 月、11 月在"会学习"素养点上有较大提升。原本顾同学是个内向、认真的孩子,小脑袋很灵活,但就是发言不主动,所以"会学习"点赞数并不算多。后来李老师把"会学习"评价点聚焦到了"爱思考,乐表达"上,并提前多次与顾同学谈心,携手家长,一起鼓励引导她积极发表观点,渐渐地她发言积极多了,从数据中就能看出来。后来,顾同学看到自己的点赞数提高了很多,学习上更有积极性和主动性。学科素养得到了提升。

表 5.3　10 月数据	
姓名	"能创造—会学习"
陈康	24
陈思颐	23
戴镇宇	19
高宇睿	29
顾心怡	24

表 5.4　11 月数据	
姓名	"能创造—会学习"
陈康	25
陈思颐	20
戴镇宇	19
高宇睿	30
顾心怡	34

这些数据的及时搜集、整理、分析、比较,便于教师及时掌握学生在智育素养上的发展水平,以改变教学策略,促进学生学科综合素养的提升,也有利于学生明确自己在学科素养上的优势和劣势,取长补短,主动学习。小学生综合素养评价系统在学科教学上的适当运用,在提升学生综合学科素养上起到了不可替代的作用。

二、"N＋1"课程与评价结合,多元提升综合学科能力

我校生活化教育理念在教学上的一大突出表现,是要求学生能将所学学科知识和素养运用到生活实践中去,不断检验,不断提升。与学科知识紧密联系的一系列学科实践活动应运而生,这些学科活动指向学生综合学习能力和实践能力的提升,促进学生多元智能的发展。我校"N＋1"系列课程探索经历了三个阶段,从最初立足本学科拓展出的"N＋1"学科实践性活动研究,到贴近生活的主题活动课探索,再到各学科融合的项目式学习,越来越体现学生学科综合素养和实践能力的发展。我们为了监测、评价学生的综合素养,及时引入了小学生综合素养评价系统,对学生在活动中的表现进行评价和反馈,以提升学生的学科综合素养。下面将分三部分,对评价系统在"N＋1"系列课程中起到的作用进行说明。

（一）"N＋1"学科实践活动

我校的"N＋1"学科实践活动是立足于学生的综合素养,为了实现学习内容与生活的联系,切实减轻学生的课业负担,加强学科学习的实践性、应用性而设计的综合性实践课程。在此类学科活动中,学生各方面的素养都会得到充分的展现和发展。评级系统的及时介入,也为学生综合素养的发展提供了更为精准的评价和反馈。这里以中年级语文学科"N＋1"实践活动为例进行相关说明。

我校中年级阶段,语文"N＋1"学科实践活动以培养学生的读、写、表达能力为主。活动主题是"山海秀场",分为"山海秀场——快乐讲堂"和"山海秀场——缤纷实践"两个系列。前一个系列主要开展语言实践活动,后一个系列以丰富多彩的实践作业来促进学生学科知识与生活的连接,促进学生语文素养的提升。如"快乐讲堂——共读好诗,浸润心灵"活动特邀嘉宾为三年级学生讲解朗读技巧,并带领学生们一起朗读,体验诗歌的魅力。"缤纷实践——儿童诗创编"活动引导学生以儿童的眼光捕捉信息,用手中的笔和形象化的语言,从生活中捕捉美的事物,熔铸丰富的想象和情感,有情趣地表现、解释、描绘自己眼中的世界,揭示生活中蕴含的诗意,抒发对自然和生活的感受和情绪,创造美的境界。

在"N＋1"学科实践活动中,学生的素养体现在方方面面。不仅有读、写、表达能力等关于"会学习"的能力素养,也有实践能力的体现。因此,语文教师在整个实践活动中,会根据学生在学习能力和实践能力上的表现进行及时的评价。比如"乐实践"中就有专门的与"N＋1"学科实践活动相结合的素养采集点:"能够按照要求,认真完成 N＋1 实践活动"。对素养点的及时评价,促进了学生语文学科综合素养的提升。

（二）"N＋1"主题活动课

在"N＋1"学科实践活动的基础上,学校以主题活动为载体,探索学科融合,研究开设了"主题活动课",即根据学生年龄特点和认知规律,选取贴近生活的话题,将各科知识融合其中,让学生运用所学解决生活中的实际问题。以主题活动为导向,我校自主编写《生活 生命 生长——生活教育校本课程系列之"五亦课堂"》校本课程用书。"五亦课堂"即"校园亦课堂""食堂亦课堂""自然亦课堂""家庭亦课堂""社会亦课堂",旨在为学生搭建更多的源于生活、回归生活的实践平台,通过开展游戏、动手实践、调查研究、参观访问等生活化的主题活动,让学生在生活中快乐探究,学习解决生活中实际问题的方法。

其中,在"食堂亦课堂"的二年级主题活动课中,我们利用优质的食堂资源设置了六大主题板块,内容涵盖认识食材、食品安全、营养均衡、用餐礼仪、四时田园种植实践活动等方面。学生调查了解身边的蔬菜、主食;查阅资料,设计一日三餐;小组合作展示认识的食材,评选优秀食谱;走进市场买菜,帮助家人洗菜做饭;到四时田园亲自体验播种、浇水、除草养护及收获的过程,并以观察日记的形式记录下心得体会……

在整个主题活动课中,专门有一个环节是"跟进评价",以监测、评价学生在主题活动课中的综合素养和实践能力的发展与提升。此时,小学生综合素养评价系统的介入就为此提供了更加准确科学的评价数据,以更有效、更有针对性地提升学生的综合能力。比如:"会学习"中"用日记的形式记录学习生活",能够很好地评价学生在写观察日记中的表现;"喜探究"中"学生能用口头方式、简单的图文方式,在课堂中的表现进行整理和记录研究结果"可以评价学生在全班展示食材、食谱这一环节;"乐实践"这一素养的采集,能够帮助家长、老师和学生个体评价学生在买菜、做饭、种植等一系列实践活动中的表现,实现家长评价、教师评价和自我评价的有机结合。

(三)"N+1"项目式学习

随着研究不断深入,我们发现"N+1"课程建设应该既是多学科知识的学以致用,也是巩固、反馈与再学习、再拓展的项目式研究过程,于是我们重新定位了"N+1"项目式学习,即基于生活中的问题,设定一个研究性项目,在进行项目式学习的过程中,将多个学科的知识融会贯穿其中,学生围绕项目主题,依据评价标准,通过参与真实的活动项目,以多种方式进行自主、合作、探究性学习,最终形成作品或解决生活中的问题。

在全球关注疫情的特殊时期,我校开展"'疫'起来做设计师"项目式学习,孩子们用自己的方式致敬一线的医护人员、表达对祖国和社会的关心与关注。我们首先发起"防护服研发方案"的线上项目式学习倡议,同学们纷纷借助书籍、网络等开展探究,项目通过现有设计与创新之间的对比激发学生主动学习。在整个项目研究过程中,孩子们脑洞大开,化身一个个"小专家""小研究员",在搜集、整理、精简资料信息的基础上,尝试着从产品的材料、性能、美观、成本方面,大胆地质疑、讨论、交流,灵活地表达自己的想法和创意,不仅巩固了科学、美术、综合实践等学科知识,呈现出精彩纷呈的作品,也更深入了解了新型冠状病毒的防疫知识,加深了对前线医护工作人员的敬意。

在整个项目式学习过程中,学生的学科能力和综合实践能力得到了全面的提升。在跟进的评价中,我们的科学教师、美术教师和综合实践教师充分利用基于各学科的评价素养采集点,对学生的"会学习""喜探究"和"乐实践"素养进行了综合监测、评价,进一步激发了学生参与项目式学习的积极性和主动性,收到了良好的效果。

三、评价助力家庭学习,提升自主学习能力

学生在校学习生活有老师的监督和引导,而家庭学习则更考验学生的自主学习能力。自主学习能力又是小学阶段学生需要着重提升的学习素养,因此,在居家学习中,如果师生、家长能够一起给予个体一定的评价和反馈,那么学生的学习自主性和自律性会得到激发,并不断提升。

寒暑假期间,是学生提升自主学习能力的关键时间。为了更好地实现家校共育,有针对性地引导学生提高学习的自主性和自律性,我们在小学生综合素养评价系统的家长端增加了与自主学习相关的评价采集点,其中既有家长评价也有学生自评。比如以下这些家庭学习的素养评价点:

第一,针对一年级设置了关于作业记录的"会学习——坚持每天记作业";

第二,三到六年级,家庭学习时,家长对孩子的读写姿势进行评价,设置了"会学习——自觉遵守读写姿势和用眼习惯",在学习时自觉保持"三个一";

第三,三年级,就家庭学习中的阅读情况,家长可进行监测、评价,设置了"会学习——愿意读书,能够圈画出好词佳句";

第四,五、六年级,针对学生在家庭中的学习时间安排,设计了家长可以评价的素养点:"会学习——学会合理安排、支配时间,制定学习计划,完成作业,做到当天事情当天完成不拖拉"。

对家庭学习的评价,便于教师、家长、学生三者对个体学习习惯和自主学习能力进行及时的了解和反馈,激励学生提升自我学习的自觉性和主动性。

2020年农历新年,全国"新冠"疫情暴发,学生开始长达三个多月的居家学习生活。学生的主要学习形式是"网课学习"和"自主学习",针对这一特殊阶段,为了让学生的居家学习更高效,我们引导家长和学生对自己的居家学习状态进行评价:①"会学习——居家学习中能够按时参加空课学习(或完成自主制定学习计划),态度积极,听讲认真。"②"会学习——居家学习中能够认真完成居家学习的学习任务或作业,及时提交,及时修改问题。"③"喜探究——居家学习中,能按照制定的学习计划,完成学习任务,有自主学习的意识。"④"喜探究——居家学习中,能够进行自主学习,有自己的方法或方式。"⑤"乐实践——居家学习中,能够根据所学所得,学以致用,完成"N＋1"项目学习任务,或完成学科实践作业,应用于生活。"

居家学习期间,家长和学生对个体的自主学习能力进行及时的评价,激发了学生学习的积极性和主动性。从学生在居家学习期间作业提交和开学后学生的学习状态与效果来看,学生的居家学习效果比较不错,自主学习能力也得到了很大提升,小学生综合素养评价系统在提升学生自主学习能力上起到了关键作用。

第三节　小学生综合素养评价系统对教学成效的影响

小学生综合素养评价系统在我校教育教学一线广泛应用,运用大数据的特色功能对有关学生学习的评价数据进行采集、挖掘和分析,发现教育问题并加以分析和反思,提高了评价的准确性和效率。小学生综合素养评价系统突出评价的激励与调控功能,在提高教学成效和教育教学质量方面,给学生、教师、家庭、学校都带来了深刻的影响。

一、小学生综合素养评价系统对学生学习成效的影响

(一)及时点赞评价,有利于激发学生主动学习的兴趣

课堂是教育教学的主阵地,教师在课堂上用平板电脑等随时对学生的表现进行点赞评价,记录孩子们课堂上发言、听讲、练习、小组合作等活动的每一个

精彩瞬间。不同的课堂上,教室里的"班班通"大屏幕上即时显现着教师对被评价学生的评价内容,实现了评价的可视性及反馈的有效性,激发了学生主动学习的愿望与兴趣,有助于养成良好的学习习惯。

一方面,在小学生综合素养评价系统的评价激励下,课堂常规有了保证,规则意识深入学生内心。原来调皮的孩子也变得有了规矩,上课积极回答问题,积极参与课堂。学生通过评价的数据可以进一步反思总结,发现自己的优势及劣势,有针对性地制定自己的努力方向。比如评价系统的即时点赞功能在二年级的课堂教学就取得了良好的效果,对学生学习音乐给予了很大的帮助。李姗凝同学在之前的音乐课堂中是不喜欢吹陶笛的,一次因为与同学一起吹奏而获得了老师的评价和点赞,这是她第一次收到音乐课的奖励,非常开心,之后在吹奏长音时气息也平稳了,变得更加自信了。英语课堂上需要小组合作上台演课本剧,孩子们在准备、练习的过程中,老师都及时利用评价系统进行点赞,有效促进了孩子们积极合作。一次次的磨合练习提高了团队团结合作能力,也激发了小组竞争,提高了英语学习效率,更重要的是加强了同学们的英语口语表达能力,学生在愉快、轻松、高效的课堂环境下完成了英语学习的要求。

另一方面,小学生综合素养评价系统的作业评价功能在促进学生自主学习和持续发展方面也显示出了重大作用。语音作业系统方便快捷,可实现作业的反复录;学生之间可以相互借鉴、共同学习、共同提高,还可以互相点赞以评选出优秀作业,达到激励、示范的作用。教师在课堂或课后用平板电脑随时对孩子的各项表现,如听课、语言表达、课堂表现、作业完成质量、学习习惯等维度进行评价,激发学生主动学习的愿望与兴趣,帮助学生养成高质量完成作业的好习惯。学生通过自己佩戴的特制手表及时接收到来自教师的评价,精彩的评价动画让孩子们兴趣盎然,大大鼓舞了孩子们的学习士气,最大限度调动学生课内外学习、运用知识的积极性,使学生不断认识自我、发现自我、完善自我。

(二)多元采集评价,有利于学生个性化发展

小学生综合素养评价系统遵循教育规律与学生身心发展规律,建立科学的评价体系,多元采集评价,旨在全方位展现学生综合素养。

多元化的评价不仅在教育教学中促进孩子掌握知识与技能,也承认学生在发展过程中的个性差异,允许其具有不同的发展速度,为学生综合素养的发展提供了更为精准的评价和反馈,有利于帮助孩子认识到自身优势和特长,帮助学生认识自我,挖掘潜能,建立自信,从而促进学生的个性化发展和终身发展。例如五年级5班周同学在作文表达和写作方面不够出色,但在数学逻辑思维方面有突出表现,数学学科成绩也名列前茅,这激发了他对数学学科的学习兴趣,甚至对他未来在数学领域的研究发展也有很大的助推作用。

多元化的评价使得学生在其他各项实践活动中素养也得到充分的展现和发展,比如在评价中我们强调实践性,把"N＋1"学科实践活动、主题活动课、项目式学习以及读书节等也纳入评价维度。在平时教学中,教师采取日常评价与定期评价相结合的方式,针对探究实践类学习任务的评价有利于学生将学科知识运用到生活实践中,加强巩固与应用,学以致用,也有效推动了生活教育的发展。对评价数据的分析包括:发现有的学生在综合化的项目式学习研究中表现出色,善于进行课题研究,乐于与同学合作分工,充分发挥自己的想象力与特长,在项目式研究中学生综合素养和自信能力得到了明显提高。

(三)形成评价数据,有利于学生终身化发展

小学生综合素养评价系统累积和构建了学生终身可持续发展的大数据,在智育方面以培养孩子"会学习""喜探究""善合作""乐实践"为目标,小学阶段结束后,最终形成一个个学生自身发展的数据资源包,学生在思维方式、学习成绩、爱好特长等方面可以获得科学、全面的数据分析,指导其今后的学习生涯,助力学生的终身发展。

二、小学生综合素养评价系统对教师教学成效的影响

(一)有利于教师及时、科学诊断学生的学习情况

教师可以通过对小学生综合素养评价系统数据的分析,及时把握学生的学习情况,诊断研究学生的学习过程是否存在问题,以及问题的症结是什么,学生是否取得一定成绩及其进步的原因,从而发现评价数据中隐藏的教育规律,了解学生的个性化特征,进而采取因材施教的措施。

通过评价系统反馈,教师可清晰地了解学生歌唱一首歌的真实水平、对一个语言点的综合运用能力、对一个科学现象的理解和实践等。教师可以随时查阅平台中学生所有的作业和点评记录,获得学生可持续发展的数据参考。如:

一二年级有较多的口头表达作业,如说算理、背古诗、看图说话、英语朗读等,教师可以及时将学生口头作业进行数据化的管理,借助系统手机端一键布置作业、高效批改作业,并可以随时查看学生完成情况。这有利于教师科学把握学生的学习情况,及时了解、检查和指导反馈学生作业情况,也有效地促进了师生、生生以及家校间的互动。

(二)有利于教师直观、迅速发现教学问题,调整教学策略

小学生综合素养评价系统保留了学生学习的大数据,反映了学生学习的成果和教师的教学效果,教师可以根据评价结果及时调整、选取教学策略,确保教育过程扎实有效,使教学更具时效性,进一步推动"学为基点"课堂的构建。教师在评价的过程中,需要深入研究学生、研究课程标准及各学科核心素养,精心设计测评实施活动,有目的地观察学生的动态发展,及时发现学习方面的问题,针对问题调整教学策略,同时也助推了教师个人专业的可持续发展。

(三)有利于教师关注学生个体发展,因材施教

现代社会对高素质人才的综合化要求越来越高,使得小学生综合素质评价改革势在必行,小学生综合素养评价系统充分关注学生个体最近的发展需求和发展的现实条件,给学生制定预期的目标,有利于教师有的放矢、因材施教,有助于教师及时向学生提供本身发展迫切需要的"营养"。此系统建立科学的评价体系,努力获取学生的全面信息,肯定成绩、表彰先进、树立榜样,通过分析学生个体数据,倒逼教师改变教学模式,更加关注学生的个性差异及特长发展,进行个性化指导,从而促进学生个性化的发展。

三、小学生综合素养评价系统对家庭教育的影响

(一)科学系统评价,有效助力家庭教育

小学生综合素养评价系统评价细则分年级搜集整理能代表学生"会学习""喜探究""善合作""乐实践"四个关键能力的三百多个素养采集点,评价内容科学、系统。评价系统通过学校表现、知识过关、能力展示、家长反馈等多渠道,采用教师、家长、同伴、自我多元评价,全面采集、存储、传递、汇总学生学习生活过程数据信息,分析诊断学生的各方面表现数据。家长们通过信息软件,直观、及时看到学生在学校学习、生活、实践等方面的优势、不足,从而在家庭教育方面

扬长补短、查漏补缺,帮助学生全面发展,促进学生综合素养的提升。

（二）智慧分析数据,家校合力促进发展

小学生综合素养评价系统通过软件设定,智慧分析学生个体数据。这样,学生知道自己擅长什么,今后努力的目标是什么,最大限度调动学生的积极性,使学生不断认识自我、发现自我、完善自我。教师也可以有针对性地调整对每一位学生的教育行为,针对学生个体,关注学生的个性差异、发展需要和潜在能力,进行个性化指导,促进每一位学生立足学习知识基础和经验,有目的性地培养学生兴趣、开发潜能,从而更好地养成乐学、会学的习惯,使之受益终身。在数据分析诊断中,家长通过手机端及时接收相关信息,帮助发现教育教学中的优势和问题,调整改进教育教学行为。针对学生个体,评价系统通过分析学生个体数据,关注实践,引导学生完成从学习到运用的内化外延过程,推动学生的发展。同时,对于学生在家庭中学习、作业的表现,家长也可以及时点赞,所形成的数据对老师来说无疑是课后自主学习是否扎实的最好反馈。家长、教师智慧分析数据,家校合力共同促学生发展。把评价和家庭教育相结合,让家长更加了解孩子的发展状况,让家长对学生的要求和期望更加适切,提升了家校合作的实效性,为教育教学和学校管理提供科学指导。

（三）减轻评价负担,优化教育教学发展

小学生综合素养评价系统全面有效地整合学生成长发展中学习生活等信息,相关资料的收集、整理、保存、传送等都变得十分便利,减轻了学生家长重复上交评价材料的负担,减轻了教师复杂的评价记录工作负担,有利于双方有更多的时间和精力,优化教育教学。

四、小学生综合素养评价系统对学校教育教学发展的影响

（一）有机结合评价,促进学校教育教学发展

学校充分发挥教育信息化对教育现代化的推动作用,以"互联网＋教育"助推生活教育发展。有机结合小学生综合素养评价系统,构建完整的"生活教育育人体系",促进学校教育教学发展。全区毕业生质量检测中,我校第一届毕业生总成绩位列全区第一名;在全市组织的单科质量检测中,平均分分别超出市平均线 40—50 分;连续三年获青岛市青少年科技创新大赛一等奖;承办世界教

育信息化大会现场展示;连续两年代表青岛市、山东省教育系统赴全国教育信息化应用成果展示大会;受邀在全国教育信息化论坛上做主题经验汇报;承办青岛市人工智能教育成果展示会暨记者发布会;与山东大学合作建立人工智能教师提升培养基地;被评为山东省科技教育创新发展实践基地。2016 年 6 月,联合国教科文组织轮值主席西马塔先生访问学校,并对学校教育信息化建设给予高度评价。

(二)公平多元评价,实现学校评价公信力

小学生综合素养评价系统关注学生成长历程,关注每一个孩子的变化发展,有效促进教育公平。评价系统的设置,保证了评价过程和结果的真实性,依靠互联网的公开性、资源的互享性和评价环境的保密性,将公众监督落到了实处,实现评价激励的公信力。

我们期望以“基于大数据的小学生综合素养评价系统”研究为契机,有效整合学校教育教学工作,扎实有效地开展“十六表现”的深入研究,在未来教育研究之路上,为了学生发展继续前行。

第六章 小学生综合素养评价系统在美育、体育、劳育评价中的应用

第一节 学生美育、体育、劳育的生活基础

如何"树人"的问题，历来备受重视。孔子说，"兴于诗，立于礼，成于乐"；毛泽东说，"欲文明其精神，先自野蛮其体魄"；朱光潜则言，"要求人心净化，先要求人生美化"。他们的侧重点不同，却讲出了同一个道理：仅用专业知识教育人是不够的。好的教育，从来不仅仅是知识的传递，通过学习让孩子拥有高尚的品德、创新的思维、健康的体魄、良好的审美、劳动的习惯，才是教育的题中应有之义。[①]

当前我们教育存在的不少问题，都折射出综合素质的短板："小胖墩""小眼镜"越来越多，近视和肥胖严重影响了孩子们的身心健康；不会系鞋带，不会整理书包，基本生活技能严重缺乏；形形色色的补习班让孩子们长期沉溺于题海作业，看不到七彩云朵、听不到鸟叫虫鸣。我们的教育应着眼于孩子们德、智、体、美、劳的全面发展，提高孩子们的基本生活技能，增强身体素质与审美能力。

---

① 人民日报评论部.以综合素养书写精彩人生——如何培养社会主义建设者和接班人[N].人民日报,2018-09-25,(5).

2018 年,中共中央办公厅、国务院办公厅印发了《加快推进教育现代化实施方案(2018－2022 年)》,提出了推进教育现代化的十项重点任务,其中第一项"实施新时代立德树人工程"提到,大力加强美育、体育和劳育,加强劳动和实践育人,构建学科教学和校园文化相融合、家庭和社会相衔接的综合劳动、实践育人机制。[①] 2019 年,习近平总书记在全国教育大会上也明确指出,要积极构建德、智、体、美、劳全面培养的教育体系,要着力加强美育和劳育,在进一步巩固德育、智育和体育的基础上,聚焦短板,通过制订加强美育和劳育的具体制度和办法,提高学生审美和人文素养,引导学生尊重劳动、参与劳动。[②] 这些方案的制订都进一步落实了美育、体育、劳育在全面提升学生的综合素养中的重要地位,也为小学生综合素养评价系统实施五育并举指明了方向。

一、美育——陶冶情操,塑造心灵,感受生活之美

美育也称审美教育或美感教育,它通过各种艺术以及自然界和社会生活中美好的事物来进行,它可以培养学生认识美、爱好美和创造美的能力。从人类生理和心理发展的角度看,人们对美的需求是在精神上寻求心理平衡和自我实现的必然,它是人类生活的一种需要。学生在生活中不断发现美、追求美、更好地创造美,就必然需要提高对美的感受能力、鉴赏能力和创造能力,从而充实、丰富和完善自己。[③]

2018 年 8 月 30 日,习近平总书记在给中央美术学院 8 位老教授回信时,就对美育工作提出殷切期望。习总书记强调,美育对塑造美好心灵具有重要作用,应扎实推进美育工作,弘扬中华美育精神。美育不仅可以帮助学生陶冶道德情操,培养良好的品德、意志,对提高学生的观察力、想象力以及创造力也是十分有益的,还有利于学生全面发展及其优良个性品质的形成。在实施素质教育的今天,作为担负着美育重任的学校,在进行美育的过程中必须面向全体学

---

① 中华人民共和国教育部. 构建多元开放的学校评价体系全面推进中小学素质教育[EB/OL].(2005-06-29). http://www.moe.gov.cn/s78/A11/moe_759/201001/t20100131_9793.html.
② 张烁.习近平:坚持中国特色社会主义教育发展道路 培养德智体美劳全面发展的社会主义建设者和接班人[N].人民日报,2018-09-11(1).
③ 魏宁.浅谈小学生进行美育教育的重要性[J].读写算(教师版):素质教育论坛,2016,(29).

生,围绕着审美教育这一主线,尝试在学生的心灵中播撒美的种子,培养学生的审美情趣。同时,将课内所学延展到课外,结合学生的实际生活,通过多种途径与形式提高学生鉴赏美、发现美、创造美的能力,以美育德,以德育人,全面提升学生的综合素养。

鉴于此,我们在小学生综合素养评价系统中"有情趣"的关键素养下设置了"通才艺"的表现性评价指标。这一评价指标是指学生能够具备培养才艺素养的意识,能够积极主动学习各领域的才能和技艺,在学习与实践中陶冶情操,提高赏析与审美能力,发展创新精神,提高核心素养。这一评价指标的设置可以激励学生积极认真上好美术、音乐等美育类课程,掌握基本的美育知识,在课余时间培养才艺并能够为之长期坚持,并通过学校艺术节等活动进行展示,运用才艺调节生活、美化生活、陶冶情操。

在国家大力倡导德、智、体、美、劳五育并举的今天,美育发挥着它所具有的独特作用。在小学生综合素养评价系统"好才艺"这一评价指标的激励下,从教学内容的设计、教学方法的实施,一直到教学结果的评价,无一不围绕着服务于学生审美能力培养这一重要目标。各种校内校外活动,尝试给学生提供一个在美育方面锤炼、提升自己的舞台,使他们在艺术海洋里遨游的同时,能学会表达、交流与反思,在沟通中提高发现美、鉴赏美、创造美的能力,进一步感受生活之美。

二、体育——愉悦身心,增强体质,体验运动之趣

生理学家巴甫洛夫说过:"我毕生热爱脑力劳动和体力劳动,或许更多热爱体力劳动,当手脑结合在一起的时候,我就感到特别愉快。"巴甫洛夫所提出的道路,正是体力与智力结合、手脑结合、全面发展的成才之路,这也正间接体现了小学生体育的重要性。体育教学让学生通过体育课等多种途径学会相关的知识、技能和方法,培养学生自觉锻炼身体的习惯,从课内拓展到课外,使学生在平日里也能自觉地进行有效的体育锻炼,从而提高小学生的身体素质。

同时,在生活教育理念的指引下,为了激发学生积极参与体育运动的兴趣,现阶段的小学体育教育积极尝试将体育教学与学生的生活经验结合起来,充分调动学生的体育学习动机,让学生能够更加积极、主动地投入到体育锻炼中,从

而潜移默化地提升学生的身体素质和抵抗力。例如：为了培养学生在新冠疫情期间良好的生活方式，体育老师将体育学习与日常生活联系起来，创编了一套简单的"椅子操"。这套椅子操简单易学、非常实用且便于学生在家中进行体育锻炼，学生只需要借助家中的桌椅就可以完成整套操，大大调了学生进行体育锻炼的积极性，在疫情期间不但能够有效缓解学生的学习疲劳，对学生健康也大有帮助。

在生活化体育课堂的助力下，为了进一步激发学生的运动潜能，增强体质，我们在小学生综合素养评价系统中"有情趣"的关键素养下设置了"好运动"的表现性评价指标，这一评价指标要求学生具有对身体和健康的基本认识，能够掌握体育与健康的相关知识和运动技能，根据自己的兴趣爱好选择喜爱的体育活动，挖掘运动潜能，坚持锻炼，养成健康的生活习惯。学校旨在通过这一评价指标的设定，将体育课堂教学与学生的社会生活和学习生活结合起来，使学生自觉、主动、积极地进行体育课程的学习活动，自主进行各种身体练习，并在运动中愉悦身心，体验运动的趣味性，从而使"健康第一"的指导思想在生活化的体育课堂中得到真正实现，实现学生在生活中学习，在学习中生活，逐步养成终身体育运动的良好习惯。

三、劳育——体验生活，磨炼意志，收获劳动之悦

美国教育家杜威曾提出"生活教育"理念，认为教育即生活，我国教育家陶行知对此也有论述，他认为"生活即教育"。劳育（劳动教育）就是一种生活教育，而且是一种最好的生活教育，孩子在劳动中获得一些生活体验，以及生活的乐趣，培养一种现代新生活的态度与方式，这既是今后生活的需要，也是未来生存的需要，更是让其生命更好地发展的需要。[①]

习近平总书记在 2018 年全国教育大会上强调，要在学生中弘扬劳动精神，教育引导学生崇尚劳动、尊重劳动，懂得劳动最光荣、劳动最崇高、劳动最伟大、劳动最美丽的道理，长大后能够辛勤劳动、诚实劳动、创造性劳动。[②] 2019 年，

---

① 汤勇.劳动教育是最好的生活教育[J].教育研究与评论（技术教育），2015，（5）.
② 张烁.习近平：坚持中国特色社会主义教育发展道路 培养德智体美劳全面发展的社会主义建设者和接班人[N].人民日报，2018-09-11(1).

全国教育工作会议又把"劳"列入全面发展的素质要求,进一步丰富了新时代党的教育方针,将动手实践内容纳入学生综合素质评价,要求教育者用好校内和校外两种资源,真正将劳动教育融入学生日常学习和生活中,进一步推进劳动教育的有效开展。①

国家之所以大力提倡劳动教育,是因为劳动教育对培养学生适应现实生活和社会需求具有现实意义,是提高学生综合素质、成就幸福圆满的人生的有效途径。首先,劳动教育在促进学生全面发展方面具有不可替代的作用,可以帮助学生形成勤俭节约、宽容大度、意志坚定、团结协作、永不放弃的优良品质,在劳动中培养学生的道德情操和意志品质。其次,劳动教育可以培养学生的创造力。劳动的过程,不仅需要孩子动手操作,更重要的是在实践的过程中发挥其主观能动性,通过发散思维等多种形式培养学生的创新精神和实践技能。最后,劳动教育还有利于促进学校美育的开展,多种形式的劳动实践活动帮助学生树立"劳动最光荣、劳动最崇高、劳动最伟大、劳动最美丽"的劳动审美观,让学生通过劳动懂得去发现美,在此基础上鉴赏美,最终达到创造美的境界,通过劳动教育逐步提升学生的审美能力。

在劳动教育的实施过程中,建立科学、合理的劳动评价体系对于促进学生的综合发展起到至关重要的作用。结合当前学校开展劳动教育的现状,本着多元化的评价要求,我们在小学生综合素养评价系统中"会生活"的关键素养下设置了"能自理"的表现性评价指标,这一评价指标是指学生具备一定的自我照料管理能力,能自己处理日常生活琐事,处理好与他人的关系,心态上能承受各种压力,养成良好的生活和劳动习惯,培养其独立自主的品质。通过一系列课程的设置与评价体系,让孩子能够真正融入生活,提高生活自理能力,学会协调身边的人际关系,体验多姿多彩的人生。

综上,构建德、智、体、美、劳"五育"并举的教育体系,智育与德育是我们必须坚守的前提,在此基础上应强化学校的美育、体育和劳育:通过美育提升学生的审美能力,陶冶奋斗的高尚情操;通过体育增强学生的体质,锤炼奋斗的坚强

---

① 陈宝生.落实 落实 再落实——在2019年全国教育工作会议上的讲话[J].中国高等教育,2019,(Z1).

意志;通过劳育提高学生的自理能力,提升能奋斗的身心素质,让学生德、智、体、美、劳全面发展。小学生综合素养评价系统正是秉承着五育并举的核心理念,凸显综合素养评价的可实践性,实现评价内容的多维、评价方式的多样、评价主体的多元,从而全面落实德、智、体、美、劳全面培养的教育体系,帮助学生全面发展,促进学生综合素养的提升。

第二节　小学生综合素养评价系统在体育、美育、劳育中的实践应用

我校使用的小学生综合素养评价体系打破了传统教育评价的单一模式,拓宽了教育的思路,增加了教育途径。两年多来,学校在基于大数据的小学生综合素养评价的实践中不断探索。学校从不同视角、不同层面看待每个学生的发展现状,发现每个学生的优势,以评价促进学生综合素养的形成与提升。

一、小学生综合素养评价系统在体育中的实践应用

(一)巧妙运用,提升技能

传统的体育教学中,课堂更多关注的是学生体育技能的掌握情况,侧重于竞技性教学。这种单一的体育教学评价方法在一定程度上影响了体育教学目标的达成,造成了对体育教育价值的片面认识。

本校老师充分认识到了这一点,他们利用小学生综合素养评价系统,在体育课堂上针对学生"有情趣"这一素养点下的"好运动"项目进行个人点赞和小组点赞,如对体育课上,谁能保持良好的站姿,谁能自觉遵守课堂纪律,谁能主动帮助他人,谁的体育成绩有了进步,等等,老师们都会进行个人点赞。如果哪一个小组团结向上,表现优异,体育教师则会给这一个小组进行整体点赞,训练孩子们的团队协作意识。老师们的评价也会即时以大数据的方式记录下来,督促着孩子们从一年级到六年级慢慢充实,稳步提升。

依托小学生综合素养评价系统,体育教师把"体育课上教会学生一项体育技能"落到了实处。如"有情趣——好运动"一项就考虑到对学生坚持一项体育

运动的评价:能够坚持某项运动,并保持着兴趣和坚强的意志(3.0分);基本能够坚持(2.0分);偶尔能进行(1.0分)。学生在校期间自主选择学习两到三项体育运动技能,能够熟练掌握一项受益终身的体育运动技能,在体育锻炼中享受乐趣、增强体质、健全人格、锤炼意志。

(二)展示数据,培养习惯

体育老师除了在课堂上传授技能,还推广体育家庭作业。利用节假日、寒暑假等时间,体育教师精心设计体育作业,从项目内容、完成时间、实施成效等方面入手,按年级特点制定一到六年级体育作业单。此项工作能够顺利开展并且收效显著,离不开体育老师和班主任们的智慧。体育老师会对每天打卡记录的孩子在"有情趣——好运动——每天主动完成体育家庭作业并做好记录"进行点赞。以图6.1所示的2017级9班5月获赞统计为例,班主任老师会利用班会时间通过电子屏幕展示大数据,表扬能够长期坚持锻炼的孩子,协助体育教师做好学生的思想教育工作。从每一个班级再到年级,全校形成了齐头并进、共抓体育作业的良好氛围。

姓名	有情趣-善沟通	有情趣-好运动	有情趣-通才艺	有情趣-懂礼仪	敢担当-有理想	敢担当-能自律	敢担当-善组织	敢担当-勇负责	能创造-会学习	能创造-喜探究
安梓豪	1	23	2	1	1	2	2	2	4	3
蒲岚	1	23	2	1		2	2	2	5	3
陈新蕊	1	23	2	1	1	2	2	2	4	3
单正筠	1	23	2	1	1	1	1	1	4	3
董加骏	1	23	2	1					4	3

图 6.1　2017 级 9 班 5 月获赞统计

体育家庭作业的设置不仅锻炼了学生身体,还收到了"促进家庭亲子关系、提高家庭健康指数"的民生效益。首先,同学们通过完成活动打卡,身体得到锻炼,体质得到增强,同时还劳逸结合,对学习也有促进作用。其次,锻炼不足、运动太少的不只是孩子,爸爸妈妈们也同样如此。家长在陪跑或陪练过程中,自己也得到了身体的锻炼。最后,陪孩子跑步或锻炼的过程,也是一个亲子互动的过程。借此机会,大人和孩子之间沟通、交流都变得顺畅,拉近了彼此的关系,增进彼此的感情。这些良好局面的形成离不开小学生综合素养评价体系对数据的记录、整合、分析。

(三)数据支持,助力发展

选修课和社团是校本课程的重要组成部分。这些课程的开展更是离不开小学生综合素养评价系统的数据支持。

学校依托艺术、科技、体育、国际、生活五大学院,院长负责,学校指导,通过必选、限选、任选、社团四类课程和特色校本课程,依据学生能力,普惠＋特长,分层落实"十个一"项目计划。

学校开设全校范围的足球必修课,分年级开设限选课,一到六年级分别设置:围棋、乒乓球、轮滑、游泳、搏击、橄榄球体育限选课;形体(一、二年级)、面塑(三年级)、京剧(四年级)、剪纸(五、六年级)艺术限选课。每周一节课,每年学会一项体育、艺术技能,从而发掘潜能,培养特长。学校开设了50多门任选课,每周四下午,全校学生走班上课、任意选修,由外聘教师和校内老师共同执教,给每个学生订制特长发展方向。

除此之外,学校还开设了63个多彩社团,利用课余时间,助力学生特长发展。以体育社团活动和校训练队为例,它们定位为高、精、尖的校队。学员经过选拔方可进入。这是在选修课基础上的提升,并弥补选修课没有的课程类别。全校平均每天1200余人次参与课外托管,社团平均每天就达500多人次,既巩固提升学生特长,又解决家长后顾之忧。

如此庞大的课程体系管理起来可是难上加难,单一的评价方式也根本满足不了学校发展的需要。选修课和社团老师们以小学生综合素养评价系统为抓手,每周一次选修课,针对学生的出勤、课上表现、成绩等方面老师们都会对孩子进行过程性评价,这种及时、准确、有效的评价不仅让孩子们能第一时间了解到自己的进步和不足,而且还能帮助孩子们培养终身体育的意识,从而更好地达到体育的育人功能。

李亮同学原本是学校版画社团的一名成员,随着版画社团学习内容的不断加深,李亮感觉到自己的能力已经不能胜任社团的学习,很是苦恼。版画社团的王老师通过分析该同学的大数据,发现李亮"好运动"这一素养点得分较高(图6.2),就将其推荐到田径社团中。李亮同学在田径社团中表现突出,多次在校级运动会中取得佳绩。正是数据的分析诊断,让教师发现教育教学中的优势和问题,调整改进教育教学行为。针对学生个体,教师通过分析学生个体数据,关注学生的个性差异、发展需要和潜在能力,促进学生个性化发展。

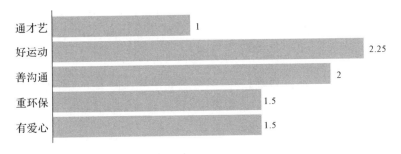

图 6.2　李亮同学个人素养得分

二、小学生综合素养评价系统在美育中的实践应用

为普及艺术教育,培养每个孩子掌握一项艺术技能,结合"生活教育"的办学理念,我校以学生艺术素质测评为抓手,确保学生在校期间至少学会一项艺术技能,包括乐器、戏剧(表演)、戏曲、舞蹈、美术或工艺制作等,熟练掌握其中一项受益终身的艺术才能,同时通过小学生综合素养评价系统对每一个孩子进行有效评价,提高学生的艺术素养。

提及"评价"或"考试",由教师主宰、学生应对的紧张局面顿时浮现在我们眼前。可见,传统评价难免给学生身心发展带来负面影响。《基础教育课程改革纲要(试行)》(简称《纲要》)指出,要建立促进学生全面发展的评价体系,"要发现和发展学生多方面的潜能","帮助学生认识自我,建立自信"。《纲要》还指出,要正视学生之间的个体差异,要"发挥评价的教育功能,促进学生在原有水平上的发展"。

小学生综合素养评价系统倡导建立发展性评价,这种评价建立在促进学生素质全面发展的基础上,强调评价主体多元、评价项目多种、评价方式多样。

(一)规范常规,提升素养

教育的最终目标,是为了实现人的可持续发展。我们每个学期的音乐课程评价不是教学活动的终点,而是学生在整个学习旅途中的一个加油站。它是动态的、持续的过程,贯穿于教学活动的每一个环节。教师借助小学生综合素养评价系统,根据学生具体情况,以强项作为评价依据之一,用充满激励性的语言,以"因人施评"的动态评价替代"一刀切"式的静态评价,强调评价与教学过程并行,关注个体自身的纵向发展。这样的纵比,不仅比出了学生学习音乐的自信,而且当教师以赏识的眼光发现并肯定其闪光点时,学生自然也有了提高其他弱项的积极心态,也就有了自主学习的动力。

某班在音乐课上纪律较乱,学生学习态度松懈。音乐王老师通过使用评价系统"有情趣——通才艺"这个素养点下"艺术课堂上认真倾听并思考,乐于表达自己的艺术感想并展现自己"的"即时点赞"评价机制,快速改变学生的课堂常规不良表现,学生能够很快调整自己,认真参与音乐课堂,音乐素养也得到了大幅度的提升。除此之外,王老师还依据评价系统,对学生上课的各方面表现进行"多元点赞"评价,这样一个学期下来,系统内的大数据就能清晰地反映出学生这一学期"点——线——面"的详细数据(图 6.3),为期末综合评价学生提供了大数据的支撑依据。

小学生综合素养评价系统充分发挥评价促进学生音乐课学习的功能,把评价功能从甄别转向激励,从注重结果转向注重过程,从而有效提高小学生的音乐综合素养。

姓名	会生活-能自理	会生活-懂常识	会生活-有爱心	会生活-重环保	有情趣-善沟通	有情趣-好运动	有情趣-通才艺	有情趣-懂礼仪	敢担当-有理想	敢担当-能自律	敢担当-善组织
陈神远	9	5		8	6	31		6	6	10	5
陈子帆	9	5		8	6	31	10	6		10	5
成家诺	9	5	9	8	7	30	11	6		10	5
众子君	12	6		8	6	31	10	5		10	5
锁敬	7		5	8		31	7	5		10	5
高楠琳		5	9	8		31	10	6		10	5
高枫皓	9	6		8	7	30	9	6		10	5
郝冠臻	7	2		7	7	4	26	6	5	9	4
李雨薇	9	5		8	6	32	10	6		10	6

图 6.3　学期综合点赞汇总

(二)依托数据,调整教学

小学生综合素养评价系统的大数据特色功能,通过对大数据的采集、记录和分析,为教师反思教育问题提供了数据支持,提高了评价的准确性和效率,尤其为新接班教师提供了准确的摸底参考。

刘老师是三年级的一名音乐老师,新接手三年级 9 班的教学工作。如何快速地摸清这个班的艺术底子,成了她的一个难题。评价系统的大数据给了她有力的支持。刘老师通过对 9 班的数据雷达图(图 6.4)与整个年级的数据雷达图(图 6.5)进行分析,发现该班的"通才艺"这一素养点的得分低于年级平均素养得分,但"好运动"和"善合作"的得分较高,说明这个班的班级凝聚力比较好,且比较喜欢活跃的课堂。于是刘老师在授课时,有意识地加入互动环节,孩子们都很喜欢刘老师,也很喜欢上音乐课。在轻松愉快的氛围中,孩子们的音乐素养不知不觉地提升了。

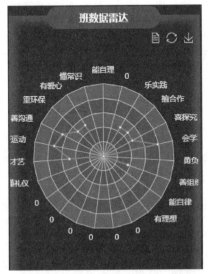

图 6.4　三年级 9 班的数据雷达图

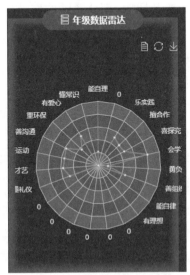

图 6.5　三年级的数据雷达图

我校老师充分利用大数据的特色功能,对大数据进行了采集和进一步挖掘、分析,进而推动下一步对教育问题的分析、反思,从而提高了评价的准确性,也进一步提高了评价的效率。有了这样的评价方式,教师更多关心的是学生学习的轨迹和改变情况,而不是最终的结果。学生也能一直保持较高的热情,在学习过程中享受到成功的喜悦。

（三）有力保障,提升能力

正如美国心理学家詹姆斯所说,"人最本质的需要是被肯定"。小学生综合素养评价系统充满人性关怀,强调以学生为中心,给学生主人翁的地位,发掘个体的潜能,使之得到充分、全面、自由的发展。在评价中,对个体的学习反应给予细心爱护与及时反思,尊重学生对音乐形象的个性化理解与表达。[①]

音乐剧社团训练过程中,部分学生以好玩、看热闹的心态参与,态度并不认

---

① 倪玉莲.优化多元绿色评价 提升音乐综合素养[J].中小学心理健康教育,2014,(15).

真。社团王老师运用评价系统,对学生"有情趣——通才艺"这一素养点下"用正确的演唱姿势、适当的声音、节奏、音调、表情进行演唱"这一项进行评价,学生们逐渐开始转变态度,投入心思,在训练中努力表现出自己的理解和风格,艺术素养得到很大提高。

版画社团中,部分孩子的作品一直停留在模仿阶段,鲜少有自己的独特想法。在美术课上,老师尽可能给学生创造更多的表现机会,例如表达的机会、绘画的机会、示范的机会等。学生只要大胆想象,哪怕提出怪异可笑的想法,只要学生投入较高的热情去画画,哪怕最终的效果不是太好,教师都应给予充分的肯定,并且借助手机端、平板电脑端、电脑端为"能创造"的相关素养点进行点赞和评价。家长可以利用手机端即时看到孩子的评价,在选择课后特长班或是居家指导时都可以参考这些数据,减少了选择的盲目性。

(四)多元评价,排练积极

树立以学生发展为核心、评价与教学过程并行、面向多元的评价理念,尽可能用赏识的眼光发现并记录学生的闪光点,能激发学生对音乐课程的热情。在评价中,我们要尊重个体的差异性,把学生的发展作为根本目的,使之贯穿评价过程的始终。[①]

交响乐是一门配合度极高的集体艺术,为了帮助团员们提升默契度,社团老师组织了线上云排练。我校的小学生综合素养评价系统中"有情趣——通才艺"这一素养点下,有专门的"居家学习中,能积极参加艺术线上社团活动"这一项目的评价。对于每周上百条的视频、老师作业的点评是犀利的、严格的,也是有针对性、有温度的。老师们借助评价系统从音准、节奏、音色等方面对学生进行评价,最终汇集成数据包反馈给孩子,社团老师还经常在群里点赞、颁发小证书肯定演奏优秀和有进步的同学。借助评价系统的激励,社团的同学们能够按时听课,并积极完成作业打卡,逐渐从网络云端艺术类课程中发现兴趣。

(五)评价激励,百花齐放

为了让全校学生展示在"十个一"活动中的收获,我校开展了丰富多彩的节日系列活动。创艺节就是创客节和艺术节在 STEAM 理念下合二为一的学生

---

① 倪玉莲.优化多元绿色评价 提升音乐综合素养[J].中小学心理健康教育,2014,(15).

节日。创艺节以年级为单位,开展班集体全员参与的戏曲、器乐、课本剧、合唱、舞蹈等艺术比赛,增强学生成就感、获得感、幸福感,保持参与"十个一"项目的持续热情。比赛期间,在小学生综合素养评价系统"有情趣——通才艺"这一素养点下,有专门的"主动参加艺术节、艺术社团等学校活动,乐于进行展示"这一项目的评价。在这一素养点的激励下,每个班都能够积极排练,最终呈现出丰富多彩的节目,种类繁多,效果良好,博得观众一阵又一阵的掌声。在准备节目的过程中,全体师生积极献计献策,牺牲休息时间进行排练,兴趣浓厚。多才多艺的身边伙伴和刻苦排练的精神激发着更多学生学艺的热情。这一切都得益于学校评价系统中"有情趣——通才艺"这一关键素养点的评价激励。

总而言之,我校的小学生综合素养评价系统是以促进评价对象发展为根本目的、重过程、重评价对象主体性的教学评价。它关注学生的健康成长,期望学生享受学习的快乐,树立终身学习的信念,进而引领学生迈上一条可持续发展的人生之路。

三、小学生综合素养评价系统在劳育中的实践应用

根据《山东省教育厅关于加强中小学生劳动教育开好综合实践活动课程的指导意见》,劳动教育课可安排在综合实践活动课。统筹劳动教育资源,建立课程完善、资源丰富、形式多样、机制健全的劳动教育体系,将劳动教育与德、智、体、美相结合,与行为习惯养成相结合,校内劳动与校外劳动相结合,培养学生积极的劳动态度和良好的劳动习惯,丰富学生劳动知识,增强学生劳动技能,提升学生劳动素养,形成学校、家庭、社会普遍重视、共同参与和多方联动的劳动教育新格局。

(一)依靠系统支撑,加强劳动教育

在平日的教学中,学校把综合实践活动课程作为劳动教育的重要渠道,力争做到开足开好。学校还组织教师自主研究开发了"五亦课程",其中包含了"我会系鞋带、整理书包、整理房间、种植蔬菜、做饭"等大量劳动教育和劳动实践的内容,丰富学校教育资源。

一开始,学生对劳动教育不太重视,学习的积极性不高。教师通过评价系统,及时对学生进行点赞、评价,增强学生主动学习、参与劳动的兴趣。课堂是

教育教学的主阵地,课堂教学收到了很好的效果。教师们在课堂上用平板电脑等随时对孩子的表现进行点赞、评价,记录下孩子们课堂上的每一个精彩瞬间,激发学生主动学习的愿望与兴趣,引导学生认识到劳动的必要性,体验到劳动的快乐,实现劳动教育目标。教室里的"班班通"大屏幕上即时显现教师对被评价学生的评价内容,实现评价的可视性。在老师和同学的夸赞中,孩子们感受到了劳动的光荣与美丽,极大地提高了他们的积极性。

（二）三方协作,培养自理能力

现在的孩子在家里很少干家务,缺少劳动体验,缺乏劳动能力。父母在生活上对其宠爱有加,处处代办,使孩子变得任性,也体会不到劳动成果的珍贵。

家庭是学生"第一学堂",这里是父母和孩子爱的交流的地方,更是培养一个人"生存能力"的第一现场。评价系统从"不给别人添麻烦——做好自己房间、物品的小主人"开始,引导学生参与家务劳动,为自己服务,为父母分担。教育学生自己的事情自己做,家里的事情帮着做。针对学生的年龄特点和个性差异布置洗碗、洗衣、扫地、收拾屋子等力所能及的家务。家长可以在手机端上对孩子参与劳动的表现进行点赞、打分,学生可以进行自我评价,最终这些数据都会在系统中进行汇集。家长的评价作为一项重要的数据也会纳入每周小结,促进自理能力的培养。对学生的评价不再是单纯的点赞,还可以输入照片、打卡,让评价数据也丰富起来。就这样,孩子们参与劳动的热情高涨,家长很欣慰孩子们长大了。通过家校联手,孩子在参与中提高劳动能力,养成劳动的习惯,更重要的是能体会到家长当家的不易,从而更加理解、体谅家长,培养孩子们的感恩意识。

（三）汇集数据信息,校内活动异彩纷呈

小学生综合素养评价系统通过教师评价、家长评价、自我评价、同伴互评等多元主体评价,通过学校表现、知识过关、能力展示、家长反馈等多渠道,全面采集、存储、传递、汇总学生学习生活过程的数据信息,并对评价数据进行挖掘和分析,实现评价内容的多维、评价方式的多样、评价主体的多元,从而全面落实立德树人,将国家提出的"学生关键能力"培养在校本化的过程中真正落地,实现学生的全面发展。

2019年3月,我们开展了劳动教育主题活动月,针对不同年级设置不同级别的擂台项目。一年级学生展示了叠衣服、整理书包,二年级展示了洗衣服,三年级展示了清洁小窍门,四年级展示了包粽子,五年级展示了包饺子。整个劳动教育主题月的顺利开展离不开小学生综合素养评价系统的保驾护航。以一年级为例,在"会生活——能自理"这一素养点下,有专门针对收拾书包、整理自己的小橱和课桌项目的评分:需要帮助收拾书包,进行简单的书包收纳(1分);能够自己收拾书包,物品摆放较整齐,收纳速度较慢(2分);收拾书包高效有质量,物品分类摆放整齐,书包内井井有条(3分)。依托大数据评价,学校对资料的收集、整理、保存都变得十分便利,既减轻了学生重复上交评价材料的负担,又减少了教师复杂的评价记录工作,也减少了学校整理、分析、存放资料的工作量,有利于三方有更多的时间和精力,优化教育教学。学生在掌握更多的生活自理能力的同时,又丰富了课余生活,同时还学会了尊重他人的劳动。

(四)采集多重素养,助力校外实践

除了校内活动,学校还积极拓展校外劳动实践途径。学校充分利用每年到中小学生劳动实践基地参加学农的机会,以年级为单位,每学期组织一次集体劳动实践活动,赴二月二农场进行劳动实践活动,掌握劳动技能,培养创新思维和实践能力,开发职业潜能,推动生活教育的开展。评价关注学以致用,关注实践性,引导学生完成从学习到运用的内化外延过程。学校还积极创造条件与社区、企业等开展合作,充分利用社会资源,组织学生参加劳动实践活动。

这么多的学生一起涌入劳动实践基地,难免心情激动,将规则意识暂抛脑后。教师通过在小学生综合素养评价系统手机端"能自律"这一素养点的评价,督促孩子们有序参与实践。在动手实践的过程中,教师根据学生表现,对学生进行"喜探究""善合作""乐实践"这些素养点的点赞和评分,鼓励孩子们乐于表达和表现。一天的劳动实践下来,虽然身体疲累,但吃着自己亲手制作的馒头,喝着自己磨出的豆浆,内心别提有多满足了。孩子们的劳动兴趣被激发了,意志品格也得到了磨炼。

小学生综合素养评价系统为实现对学生的发展激励作用,还采用"争星晋级"和"星币商城"两种方式进行奖励。"争星晋级"是少先队雏鹰争章评价的校本化体现,学生通过积攒评价数量,换取不同级别的雏鹰章,最终实现自我发展价值;"星币商城"中,学生将评价获得电子星币,进行个人心愿、学具使用权、学生用品的兑换。这些积极正向的表现最终变成了劳动收获的荣誉、奖励,满足了学生的个人需求,更激励他们阳光向上,努力奋进。

第三节　小学生综合素养评价系统对美育、体育、劳育成效的影响

青岛市"十个一"项目旨在全面落实新时代立德树人工程,如何将"十个一"项目与学校的教育教学工作有效融合,全面提升学生的综合素养? 我们发挥"首创精神",从"融入"评价入手,坚守"育人"初心,延展"生活"实践,创新评价体系,真正发挥评价的导向作用、诊断作用、激励作用,为提升学生综合素养助力。小学生综合素养评价系统对学生个人、班级、学校以及家庭都有极深的影响。我校自推广使用小学生综合素养评价系统以来,在美育、体育及劳育这三大领域都卓有成效,硕果累累。

一、美育互融,绽放朵朵艺术之花

(一)培养每一个孩子的艺术学习习惯

小学生综合素养评价系统的使用对学生学习艺术、培养习惯给予了很大的帮助,为艺术课堂提供了有力的保障。开展"陶笛"校本课程的前期遇到了困难,学生没有兴趣,总是上课不带陶笛,下课回家不练习。老师发现,学生只要上课不带学具,就无事可做,下课回家练习曲目自然就不会。同样,在美术课堂中,忘带学具问题也十分的头疼,每次都会有学生忘记带毛笔、彩笔、美工刀等。

通过导出评价系统数据发现,这些不带学具的孩子,平日的"能自理"的素养分值普遍比较低。艺术教师决定,要在音乐、美术课上结合"会学习——能自理"第二条素养点"准备好学习用品",对学生进行积分点赞。一段时间后发现,评价系统中的这个素养点非常实用,是建立良好课堂学习氛围、培养孩子课堂习惯的得力助手。老师们用评价督促学生每节课带齐学具,学生可以获得积分。这种对学生行为习惯的激励评价,潜移默化地培养着他们的学习习惯。逐

渐音乐课堂不带陶笛的、美术课堂中不带学具的现象越来越少。借助小学生综合素养评价系统有针对性的评价，现在的艺术课堂几乎没有不带学具的现象了。

除了带齐学具，学生学习兴趣和自信心的培养也很重要。四年级的学生小A，在之前的音乐课堂中，每节课都能做到带陶笛，但是总是无法完成曲目吹奏，老师进行单独心理疏导后，发现他特别胆怯，不自信。音乐课杨老师，运用了"善合作"中的素养点，鼓励他主动参与同学之间的合作，在合作中，同学们相互配合，呈现最优成果。小A和小组其他同学一起吹奏陶笛曲目，获得了老师的评价和点赞，这是他第一次收到音乐课的奖励，个人的自豪感和荣誉感迸发，之后的音乐课陶笛吹奏得越来越自信了。

小学生综合素养评价系统是教师上好课非常重要的一种工具，学生学具带得好，上课的学习效率也得到了提高，学生们上课大部分都能积极回答问题，参与课堂活动，原来调皮的孩子也变得有了规矩，持续良性循环。小学生综合素养评价系统有针对性的评价，对培养学生个人学习艺术的习惯，有了深远的影响。

（二）提升班集体的团队凝聚力

小学生综合素养评价系统不仅培养了每一个学生的艺术学习习惯，对班级团队凝聚力的提升也有非常大的作用。在2019年11月我校举办的艺术节上面，四年级合唱专场，班主任通过评价系统里的"能自律""通才艺""善合作"，在班级里开展了艺术节人人参与的班会活动。合唱比赛重在唱，但是怎么样能让唱更精彩？除了扎实的基本功，还能有什么样的突破？一个数学学科的班主任，借助小学生综合素养评价系统开展了主题班会，由孩子们自己提出方案，由其他同学们共同来商议。老师通过给每个提出方案的个人或者小组点赞，充分地点燃了孩子们的激情，最后由班级学习器乐的孩子提出方案，加入了民族打击乐器，由小组讨论出在节目快要结束的时候通过放手持礼花让节目达到高潮，最终这个班级在合唱比赛中获得了一等奖。这正是"通才艺""善合作"评价的体现。

五年级8班的孩子们很聪明，学习成绩好，但就是纪律差，班级同学散漫不团结，大数据显示孩子们的素养点发展很不均衡，缺乏"通才艺""善合作"等素养点(图6.6)。

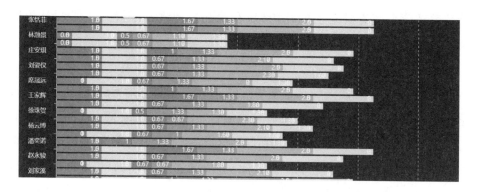

图 6.6 五年级 8 班素养采集点信息(初期)

班主任封老师是一名老教师,但是思想很超前,开始使用手机和平板电脑研究使用评价系统,经常跟学校评价系统团队的老师们请教。封老师决定为班级排练一个音乐剧,培养孩子们的团队意识。于是她深究评价系统的奥妙,发现"十六表现"里的"能自律""通才艺""善合作"三个表现,非常适合辅助这次排练。于是,她每天平板电脑在手,鼓励学生积极参与此次活动。排练音乐剧一部分人演的时候,另外一部分同学需要在那里静静地等待,或者做出某些动作,老师故意让班里纪律比较差的孩子在这个音乐剧中扮演相当安静的角色。正是在点赞鼓励下,原来纪律差的孩子学会了自律,班级的凝聚力也得到了极大提高,孩子们排练的音乐剧获得崂山区艺术节班级戏剧一等奖、青岛市班级戏剧二等奖。通过比赛,孩子们不仅提高了艺术素养,班风也发生了巨大的变化,大大提高了学生团队合作能力和团队凝聚力,素养点大数据显示此班的学生们,正在全面提高各项素养(图6.7)。

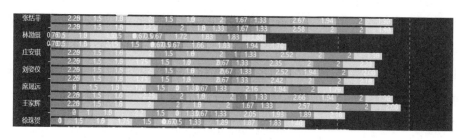

图 6.7 五年级 8 班素养采集点信息(半年后)

小学生综合素养评价系统是对孩子们进行全方位评价的系统,老师们根据孩子的特点,挖掘评价系统中的每一条评价项目,充分利用系统达到教学目的。

(三)鼓励评价教育,以测促学,夯实十个一

根据山东省艺术测评文件中的三个指标要求,即基础指标、学业指标、发展指标,我们对小学生综合素养评价系统的素养点进行了填充,如:常态教学与检测、过程性记录、照片收集、艺术手册填写等。

在学期末,教师随堂进行艺术现场测评,评价系统中的"通才艺"中的素养点,使测评起到了事半功倍的作用。例如,教师在美术课堂上面对孩子们进行期末一对一的现场测评,对于学生每一幅作品,老师根据色彩、构图、线条三个方面进行现场打分,结合评价系统里的"通才艺"进行三个等级评价,结合青岛市艺术测评标准对学生考核结果进行赋分,并在评价后给出指导意见。

"通才艺"中的第二条"乐于参加才艺相关课程、实践活动和各类比赛。(随时拍照,上传才艺学习、练习、展示、比赛的照片)"对艺术测评的照片收集的帮助尤为重要。学生每年参加许多的艺术活动,无论课内还是课外,都没有记录,借助"通才艺"中的细致评价,学生参加活动的过程性材料,都有照片上传。评价系统不仅助力艺术测评,还能细致地用数据和照片记录每个学生的艺术成长经历。在连续几年的崂山区艺术测评检测中,我校学生由第一年成绩全区第四名,现已进步到崂山区艺术测评总成绩第二名。评价系统的使用,潜移默化地影响到学生艺术素养的提高。

在夯实"十个一"项目方面,评价系统的有效评价也是不可缺少的。例如:"十个一之一支歌"认真学唱,乐唱歌曲。根据音乐课程标准,以音乐审美为核心,要求学生每节课学习并掌握音乐基础知识和基本技能,达到在演唱中能够自信、自然、有表情地表现。结合"十个一之一支歌"的要求,我校利用评价系统对学生进行先期目标的设定、过程展现的引导、结束完成的评价。

我校编写了"十个一"演唱一支歌歌谱集,艺术教师带领学生演唱一支歌,并结合学生随堂表现以及学生演唱一支歌曲的能力,在课堂上对学生进行演唱评定。根据各年级演唱评定标准,在评价系统中选定所教班级,面向全班学生

2、"十个一之一项艺术才能"乐于参加才艺相关课程、实践活动和各类比赛。（随时拍照上传才艺学习、练习、展示、比赛的照片。）（评价周期：月）
　　A. 积极参加，展示效果良好。（3.0分）
　　B. 较多参加，展示效果良好。（2.0分）
　　C. 较少参加，能完成展示。（1.0分）
3、"十个一之一项艺术才能"能够在生活中运用才艺，创造美好，提高生活情趣。（随时拍照上传才艺学习、练习、展示、比赛的照片。）（评价周期：月）
　　A. 总是能够做到。（3.0分）
　　B. 有时能够做到。（2.0分）
　　C. 很少能够做到。（1.0分）
4、"十个一之一支歌"认真学唱，乐唱歌曲。（评价周期：月）
　　A. 认真学唱歌曲，音准、节奏无误，富有表现力。（3.0分）
　　B. 认真学唱歌曲，音准、节奏无误。（2.0分）
　　C. 认真学唱歌曲。（1.0分）

图 6.8　为夯实"十个一"项目增加素养采集点

给予 A、B、C 三种不同等级的评价。我们根据不同年级学生掌握歌曲的程度，制定了六个年级的评价标准。例如，评价三年级的学生的等级标准为：A. 认真学唱歌曲，音准、节奏无误，富有表现力（3.0 分）；B. 认真学唱歌曲，音准、节奏无误（2.0 分）；C. 认真学唱歌曲（1.0 分）。另外，鼓励学生积极参加学校组织的班级合唱、音乐课程、校内外艺术实践等活动，提升学唱一支歌的能力，艺术教师在评价系统进行相应的评价，鼓励学生参与艺术活动。

通过评价系统数据反馈，可清晰地了解学生掌握一首歌的真实水平。评价系统注重对学生学习过程的评价，关注学生在学习过程中的进步情况和存在问题，评价系统的存在目的是促进学生艺术学习的发展，提高学生的艺术素养。

（四）立足社团，硕果累累

我校开展多彩的艺术社团，音乐类有合唱社团、舞蹈社团、交响乐社团、音乐剧社团、陶笛社团、京剧社团、拉丁舞社团、二胡社团等；美术类有国画社团、书法社团、版画社团、儿童画社团、漫画社团、泥塑社团等。

各个社团老师均能熟练运用评价系统，做到熟练运用系统，熟悉评价采集点。例如：合唱社团的两位老师分工合作，指挥老师在指导的时候会随机表扬某些同学，钢琴伴奏老师这时候通过平板电脑对这些学生进行点赞。交响乐社团更是充分运用评价系统，在排练的时候两位老师通力协作，一位老师在指挥的时候遇到某些困难的地方，会直接指出练习的方法和意见，另一位老师用平板电脑直接在这个学生的评价里把练习方法和意见全部评价上去，家长回去以后可以根据这些意见和方法更好地带领孩子进行练习。老师在排练时候给出的评价就像是孩子的笔记,孩子回去看到了这些笔记,也能更准确地进行练习。美术类社团用评价系统对每次活动表现好的孩子进行实时点赞,孩子们的作品得到了老师的认可,回家主动把自己的作品展示给家人,一部分作品更是作为班级板报进行了展出。家长实时接收到孩子的点赞和指导,回家看到孩子优秀的作品,对学校的社团活动更加认可。每次比赛演出中,家长们无私奉献、积极参与,使孩子们的比赛演出更加顺利、圆满。

小学生综合素养评价系统不仅促进了学校艺术教育的发展,还帮助我校社团在这几年取得了优异的成绩。在各类各级艺术比赛中,艺术社团获得多项一等奖,稳站区、市艺术舞台,并将合唱社团送到国际艺术舞台,一份份美术作品也成为我校跟国外、省外友好交流的桥梁和纽带。

(五)艺术浸润生活,处处绚烂缤纷

艺术来源于生活,又回归到生活。结合我校“生活教育”办学理念,我们结合小学生综合素养评价系统将艺术融入学生的生活中。评价系统中,“通才艺”体现了艺术和生活相结合的素养点,借助“能够在生活中运用才艺,调节生活,陶冶情操”,学生会把艺术之美带到生活中,例如:学生回家后会把自己的作品挂在家中,让家里更美丽;把制作的手工团扇或书法作品,送给国外来访的友好学校小伙伴们。美术老师针对美术可视性的特点,利用评价系统的激励性评价,鼓励学生大胆创作。利用校艺术节美术专场在校内醒目处举办美术作品展览,让学生的美术作品遍布学校各个角落。在美术作品评价过程中,学生直接参与,对自己以及其他同学进行评价,不仅确立了学生在评价中的主体地位,也使学生不再感到评价是神秘的,有助于学生形成一定的美术评判标准,提高其评价能力,尤其是自我反思和鉴赏的能力。只有成为一个积极的自我评价者,才有可能成为一个主动的学习者。

学校还借助微信、智慧校园平台上传学生的作品,让更多家长参与教学评价,实现学校、教师、学生、家长四位一体,共同参与学习评价。

二、全员健身,增强体魄,小小健将初长成

(一)坚持锻炼,增强体能,培养体育精神

在体育课上,小学生综合素养评价系统的素养采集点,对孩子们那种坚持

不懈的精神以及毅力的培养也非常有意义。我们学校乒乓球队的颜子钦同学,一直学习成绩优异,评价系统中也是获得"会学习"点赞较多的同学(图 6.9)。

颜子钦	2014级05班	敢担当-有理想
颜子钦	2014级05班	敢担当-能自律
颜子钦	2014级05班	敢担当-善组织
颜子钦	2014级05班	敢担当-勇负责
颜子钦	2014级05班	能创造-乐实践
颜子钦	2014级05班	能创造-会学习
颜子钦	2014级05班	能创造-会学习
颜子钦	2014级05班	能创造-会学习
颜子钦	2014级05班	能创造-会学习
颜子钦	2014级05班	能创造-会学习
颜子钦	2014级05班	能创造-会学习
颜子钦	2014级05班	能创造-会学习
颜子钦	2014级05班	能创造-会学习

图 6.9 颜子钦同学的评价素养点(前期)

在上四年级的时候,他抱着强身健体的目的加入了乒乓球社团,乒乓球是一项需要持之以恒的运动,需要一遍又一遍地重复练习发球、推挡等动作,这个过程是非常枯燥乏味的。怎么能让学生坚持下来,不放弃? 这的确是个难题。评价系统中"好运动"素养要求学生有一两项自己爱好并有意向长期坚持的体育运动。乒乓球社团的张老师对他每天的练球的技术,分层次、分等级地进行跟踪评价。体育课堂上,张老师也对他的点滴进步及时进行评价、点赞,帮助他逐步建立信心! 同时,张老师及时与家长沟通,进行指导,家长同步在家进行评价系统的点赞,家校合作,共同用评价系统助力孩子的体育精神。一年后,颜子钦同学对乒乓球的热爱便一发不可收拾,深深地沉浸在这项运动的魅力之中,并在崂山区中小学生乒乓球比赛中,荣获了小学男子甲组团体第一名、单打第二名的好成绩。现在的他和两年前的他已经完全判若两人,各方面素养都得到了提高(图 6.10)。

颜子钦	2014级05班	能创造-会学习
颜子钦	2014级05班	有情趣-好运动
颜子钦	2014级05班	有情趣-善沟通
颜子钦	2014级05班	能创造-喜探究
颜子钦	2014级05班	能创造-擅合作
颜子钦	2014级05班	有情趣-懂礼仪
颜子钦	2014级05班	能创造-乐实践
颜子钦	2014级05班	有情趣-通才艺
颜子钦	2014级05班	会生活-能自理
颜子钦	2014级05班	会生活-有爱心
颜子钦	2014级05班	敢担当-能自律
颜子钦	2014级05班	敢担当-善组织
颜子钦	2014级05班	敢担当-勇负责
颜子钦	2014级05班	能创造-擅合作
颜子钦	2014级05班	能创造-乐实践
颜子钦	2014级05班	能创造-会学习
颜子钦	2014级05班	能创造-会学习
颜子钦	2014级05班	有情趣-善沟通
颜子钦	2014级05班	有情趣-好运动
颜子钦	2014级05班	有情趣-通才艺

图 6.10　颜子钦同学的评价素养点(一年后)

(二)素养评价助力,促进学生体育检测

《国家学生体质健康标准》已经开始实施,小学生体育达标的国家标准有很大变化:增加了肺活量;减少了立定跳远;三年级开始有仰卧起坐;五年级开始有耐力跑。另外,还增加了 BMI 指数(体重公斤数除以身高米数平方得出的数字)的测量,小学生不仅要经常锻炼,还要注意饮食,不能是小胖,也不能太瘦。

小学生综合素养评价系统参照《国家学生体质健康标准》,将每一个标准与大数据素养点相结合,对学生进行评价,通过评价,有针对性地对每一个学生进行分析,找出突破点,跟进学生的弱项。

一年级的小 C 同学跳绳总是不达标,一分钟只能跳不到 10 个,而且不连贯,而《国家学生体育标准》要求一分钟跳绳及格为 17 个,良好为 87 个,优秀为

103 个以上。体育刘老师利用评价系统积分点赞功能，充分调动的小 C 的积极性，激发他的学习兴趣和正确的学习动机。小 C 在练习的过程中，很努力，回家也认真练习，三周以后，一分钟跳绳能达到 45 个。

小学生综合素养评价系统的有针对性的分层次评价，让每个学生在数据的呈现和教师的有效指导下，逐渐向体育检测达标迈进。

（三）培养学生的运动意识，促进学生身体健康

在体育课上，教师可以充分发挥主导作用，引导学生快乐锻炼，然而在课后，教师很难起到主导作用。小学生综合素养评价系统解决了这一难题，大数据的使用将对体育运动的监督延伸到课下。

为了让学生在周末或假期中也能有效地进行体育活动，体育教师在周末、假期特别精心设计体育作业，按年段特点制订一到六年级体育作业单，由班主任老师和家长共同协助体育教师利用评价系统做好学生居家锻炼的评价工作（图 6.11）。评价能激起学生的好强心，督促学生在假期积极地进行体育锻炼，同时能让体育老师估测出返校之后学生的身体状况，以保证开学后能给学生安排适合的体育活动。学生们在评价中能自主、快乐地锻炼身体，寻找到运动带来的愉悦。

5、"十个一之一项体育技能"至少有一项自己爱好并有意向长期坚持的体育运动。（活动：结合日常生活、社团。）(评价周期：月)
A、能够坚持某项运动，并保持着兴趣和坚强的意志。（3.0分）
B、基本能够坚持某项运动。（2.0分）
C、偶尔能进行某项运动。（1.0分）
6、寒假：坚持进行适量的体育锻炼。(评价周期：月)
A、每天坚持进行固定时长的运动项目锻炼（如跳绳、踢毽子、踢球、体育舞蹈等）（3.0分）
B、每天坚持进行适量的运动（走路半个小时），或坚持一周三四次的固定时长的运动项目锻炼。（2.0分）
C、能定期进行适量的运动。（1.0分）

图 6.11　体育技能评价增加了寒假锻炼素养采集点

（四）炫动体育社团，成绩显著

我校建校以来，先后组建了啦啦操、乒乓球、篮球、排球、足球、羽毛球、棒球、田径、武术、轮滑、高尔夫等十几个体育社团，并且在各级比赛中屡获佳绩。我校还设置了丰富多彩的体育限制选修课：一年级围棋，二年级乒乓球，三年级轮滑，四年级足球，五、六年级搏击。不管是社团、选修课、体育节、运动会还是参加的各种比赛，我们都会结合小学生综合素养评价系统，对孩子进行过程性评价。这种及时、准确、有效的评价不仅仅让孩子们第一时间了解到自己的进

步和不足,而且还能帮助孩子们培养终身体育的意识,从而更好地达到体育的育人功能。

同时,评价系统也加强了体育限制选修课程建设,在普及校园足球和游泳的基础上,全面开展武术和跳绳项目进校园活动,有效地落实了限制选修课、任意选修课、社团的过程性管理,有利于提高普及性教育质量。

其中,限制选修课每周一节:一年级课程设置围棋;二年级课程设置乒乓球、足球;三年级课程设置轮滑;四年级课程设置游泳、足球;四年级课程设置搏击;六年级课程设置橄榄球。每节课老师都会利用评价系统对每个学生进行多方面评价,一段时间之后会利用评价系统的各项数据,针对学生某方面的不足或者特长进行有效的辅导和特训。

任意选修课安排在每周四下午,学生走班上课,由外聘教师和校内老师共同执教。每过一段时间,校内老师借助每节课利用评价系统进行评价得到的数据,准确地找到每个学生的特点,与外聘教师一道,完成对学生的个性化培养。

体育社团活动和校训练队,都可以通过评价系统中的“好运动”得到学生的各类体育运动的数据,精准地选拔出优秀的、拔尖的体育人才,并按照需求分到不同社团,大大提高工作效率。

三、劳动最光荣,让孩子拥有幸福生活的能力

劳动,以身体力行的方式获取知识,几乎是人类文明起源、发展的最主要手段。劳动教育曾是我国学校教育的传统,是培养德、智、体、美、劳全面发展人才的关键一环。劳动即教育。

青岛市全面推进“十个一”项目行动计划,从资源统筹、课程开发、组织实施、经费保障等方面,统筹推进全区中小学劳动教育工作,建立了课程完善、资源丰富、模式多样、机制健全的劳动教育体系。在此基础上,我校融入评价系统,保障了“十个一”项目的顺利进行。

(一)全面渗透评价,培养劳动习惯

小学生综合素养评价系统能够从个人、班级、生活、社会方面进行全面评价,培养学生爱劳动的好习惯。学校要求每个班级实施“一人一岗制”,让每一个学生都做班级小主人:你负责花草护理,我负责桌椅整洁……让孩子们在参

与劳动和责任担当中成长。教师通过评价系统反馈学生在班级里的劳动情况，在反馈制度下，学生积极参与了班级劳动，慢慢养成热爱劳动的好习惯。

"我是值日生"活动。每个班级，每天都会有"值日生"为同学们服务。打扫卫生？是的，但不是全部！分餐、打汤、分发水果……我们都可以！孩子们在自助、互助的劳动体验中，学会感恩、分享、合作……评价系统通过学生互评的形式，激起了学生当"值日生"的兴趣。

我校一年级的一些小同学，班级小橱子里的东西都是堆放着，拉开橱门，全都掉出来。学校召开了一年级班主任会，在会上曲主任建议老师们使用评价系统中的"能自理"这一素养点去鼓励学生(图6.12)。老师们纷纷学习，激励学生们自己整理自己的物品。经过几段时间，在评价系统的辅助下，许多学生能够自觉地利用课间将物品摆放整齐，还会互相提醒，学生们的自理能力也明显增强。

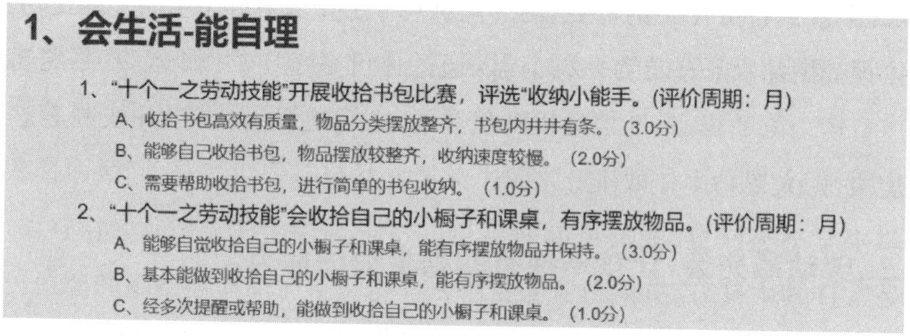

1、会生活-能自理

1、"十个一之劳动技能"开展收拾书包比赛，评选"收纳小能手"。(评价周期：月)
　　A、收拾书包高效有质量，物品分类摆放整齐，书包内井井有条。(3.0分)
　　B、能够自己收拾书包，物品摆放较整齐，收纳速度较慢。(2.0分)
　　C、需要帮助收拾书包，进行简单的书包收纳。(1.0分)
2、"十个一之劳动技能"会收拾自己的小橱子和课桌，有序摆放物品。(评价周期：月)
　　A、能够自觉收拾自己的小橱子和课桌，能有序摆放物品并保持。(3.0分)
　　B、基本能做到收拾自己的小橱子和课桌，能有序摆放物品。(2.0分)
　　C、经多次提醒或帮助，能做到收拾自己的小橱子和课桌。(1.0分)

图6.12 低年级"能自理"评价素养点

不仅如此，评价系统应用给班主任带来极大的便利。班级卫生也是各班的班级管理难点，学校通过平板电脑对班级卫生情况进行及时评价，使得班级的卫生整体情况大有好转。

(二)记录生活点滴，培养优良品质

劳动教育的意义，贵在让学生用身体丈量物理和心灵的世界。波利亚说："学习任何知识的最佳途径是由学生自己去发现，因为这种发现，理解最深，也最容易掌握其中的内在规律和联系。"

三年级某班，有两个学生在值日时，老师发现同样是负责拖地，其中一个学生是先用湿拖把将地面拖干净，再用干拖把抹一遍。而另一个学生拖地时有气

无力,只把明显脏的地方拖一遍。问他为什么不把每一块地砖都擦一遍,他满不在乎地说,这样就可以了。班主任王老师登录小学生综合素养评价系统,仔细留意了这两个学生的大数据,发现他们做每一件事情的态度都和拖地一样。认真拖地的那个学生"会学习""善合作""有爱心"的评价积分较高,学习成绩好,而且人缘好。另一个学生"会学习"积分也很高,但是"善合作""能自理"素养分值较低,也就是说,这个学生尽管学习成绩不错,但沟通能力较差,处事马虎。班主任老师跟这名学生谈话,鼓励学生通过合作,有序地完成教室的清理工作。通过班主任的累积评价鼓励,这名学生,慢慢能够在生活上自己处理好日常生活琐事,并能较好地处理与他人之间的关系,形成了良好的习惯。

(三)鼓励家务劳动,让教育回归家庭劳动实践

家庭是学生的"第一学堂",是父母和孩子爱的交流的地方,更是培养一个人"生存能力"的第一现场。学校提倡从"不给别人添麻烦——做好自己房间、物品的小主人"开始,参与家务劳动,为自己服务,为父母分担。教育引导学生自己的事情自己做,家里的事情帮着做,针对学生的年龄特点和个性差异布置洗碗、洗衣、扫地、整理等力所能及的家务,通过家长对学生在家庭中表现的评价,指导学生认真完成家庭劳动。

(四)公益劳动,与德育活动并进

劳动不能简单理解为扫地、做饭、擦桌子等:体现为教育,它是知识的躬身修行;体现于社会生产,它是创造真实价值的手段。应积极开拓校外劳动实践途径。学校充分利用每年到中小学生劳动实践基地的机会,指导学生参加各类劳动实践,并积极创造条件与社区、企业等开展合作,充分利用社会资源,组织学生参加劳动实践活动。在这个过程中,教师会通过评价系统,记录学生的校外劳动情况,与校内劳动情况进行对比,对学生校内外劳动素养进行分析,并进一步调配校内外劳动活动的比例,更好地实现学生劳动素养的均衡发展。

(五)劳动与课程相结合,添彩特色课程

学校除了把综合实践活动课程作为劳动教育的重要渠道,将其开足开好之外。还组织学校教师资源自主研究开发了"五亦课程",其中包含了"我会系鞋带、整理书包、整理房间、种植蔬菜、做饭"等大量劳动教育和劳动实践的内容,丰富学校教育资源。融入评价系统之后,每个课程都能把学生的劳动成果、劳

动能力直观地呈现在教师眼前,对以后学生劳动技能的培养,起到重要作用。

学校目前开设了五十多门选修课,其中包含了"小小魔发师""七彩饮品""十字绣""小小面点师"等多个以培养学生劳动技能为主要内容的选修课,而且很受孩子欢迎,每一节课,教师会通过评价系统对学生的作品、发明进行评价,学生会为得到更好的评价而认真上好每一节选修课,评价系统起到了很好的促进作用。

六年级小哲同学,学习成绩较差,属行为偏差学生,班里面的孩子都不太喜欢和他玩。平日里,他总是自己一个人,也没有朋友。在一次学校多彩课程组织的"我是巧巧手——包饺子"大赛中,他和四名同学分在一组,小哲主动要求负责擀饺子皮。比赛计时铃声一响,只见他技术娴熟,飞速地擀着饺子皮。因为超强的擀皮技能他和同学们合作完成了包饺子任务,他们小组获得了包饺子大赛级部第一名。老师借此在评价系统中,给了他极高的评价,这也是他在整个评价过程中,分值最高的一次。这足以证明,小哲的动手能力很强。通过这次比赛,班里的同学对小哲刮目相看,老师也经常表扬小哲。慢慢地,小哲找到了自信,人缘也越来越好,学习成绩也慢慢地提高了。教师对小哲每个方面进行相应的评价,及时评价反馈,使学生全面提升。

在这种良性的激发下,学校朝着"教育即生活""社会即学校""教学做合一"的美好方向发展。

四、成果呈现,展望未来

(一)累累成果,意义重大

"十个一"项目计划的素养采集点,是我校小学生综合素养评价体系中的一部分,在小学生综合素养评价体系评价细则中,每个年级都还有其他与德、智、体、美、劳相关的素养采集点。所以说,小学生综合素养评价体系是"10＋X"项目集合。经过几个学期的学校评价实践,评价系统正呈现出积极的作用。

1. 及时点赞评价,增强学生主动学习的兴趣

课堂是教育教学的主阵地,课堂教学收到了很好的效果。教师在课堂上用平板电脑等随时对孩子的表现,进行点赞评价,记录下孩子们课堂上的每一个精彩瞬间,激发学生主动学习的愿望与兴趣,养成良好的学习习惯。教室里的

"班班通"大屏幕上即时显现教师对被评价学生的评价内容,实现评价的可视性,极大提高了学生的积极性。

2.多元采集评价,凸显立德树人的目标

小学生综合素养评价系统通过"十个一"评价,培养学生的社会责任感,引导学生积极参加各项活动及社会实践活动,引导学生积极学习文化素养,进行劳动活动,参与体育锻炼,接受艺术熏陶,锤炼公益品行。

3.强调实践,推动生活教育的发展

评价关注学以致用,关注实践性,引导学生完成从学习到运用的内化外延过程,推动我校生活教育的发展。

(二)长足发展,美好规划

小学生综合素养评价系统评价细则科学全面,信息系统合理便捷,系统更加重视评价的发展激励作用,经过研究和实验应用,也更加明确了对于学生的综合素养提升、个性化成长和未来发展的意义。

小学生综合素养评价系统评价细则,分年级搜集整理能代表学生"会生活、有情趣、敢担当、能创造"四个关键能力的三百多个素养采集点,"五育"并举,评价内容科学、系统。通过学校表现、知识过关、能力展示、家长反馈等多渠道,采用教师、家长、同伴、自我多元主体评价,全面采集、存储、传递、汇总学生学习生活过程数据信息,分析诊断学生的各方面表现数据。学生家长老师通过信息软件,直观看到学生在学习生活实践等方面的优势、不足,扬长补短,帮助学生全面发展,促进学生综合素养的提升。

我们期望并规划,经过不断的研究,能打破学段界限,衔接学生的成长。借助小学生综合素养评价系统的智能分析,小学阶段结束后,最终形成一个个学生自身发展的数据资源包,这个资源包里包括了学生在生活能力、情趣修养、责任担当、学习创造等方面的表现,甚至是心理、性格、思维方式的特征。为学生家长、学校以及社会提供科学的数据分析,以了解学生的思维方式、学习成绩、爱好特长等,对学生今后的学习生涯、职业生涯具有极大的指导意义,帮助学生成长为未来社会真正具有竞争力的人才。

第七章 基于大数据小学生综合素养发展的家庭与社会教育评价

第一节 基于生活教育理念的家庭教育和社会教育的意义

在 2018 年全国教育大会上,习近平总书记指出:"家庭是人生的第一所学校,家长是孩子的第一任老师,要给孩子讲好'人生第一课',帮助扣好人生第一粒扣子。"习总书记的讲话高度概括了家庭教育对孩子成长的重要性。

一、家庭教育意义的论述

(一)什么是家庭教育

家庭教育是在家庭生活中,家长有意识地通过自己的言传身教和家庭生活实践,对子女施以一定教育影响的社会活动,包括家庭成员之间相互的影响和教育,是大教育的组成部分之一,是学校教育与社会教育的基础。一些发达国家在广义上定义的家庭教育,是指具有增进家人关系与家庭功能之各种教育活动。

（二）家庭教育的重要性

1.家庭教育是人生教育的起点

正如习总书记指出,家庭教育起着扣好人生第一粒扣子的作用。家庭是孩子最早接受教育的场所,父母是孩子的第一任教师。在教育这个由浅入深的过程中,对于任何人来说,最浅显、最基础的教育都是通过家庭,特别是通过父母来完成的。父母长辈的价值观念、人生态度、生活方式等都将在潜移默化、耳濡目染中对孩子的明辨是非、判断对错产生重大影响,为孩子形塑了最初的行为遵循,从而奠定了一个人世界观、人生观、价值观的基础。因此,家庭教育在孩子的成长中起着奠基的作用。

2.家庭教育也是一种终身性教育

对每一个人来说,只要不离开家庭而生活,也就永久地接受着家庭教育,有时即使是暂时离开家庭而生活,也会通过书信、电话、网络等与家人进行相互了解、鼓励和教育。在家庭这所学校里,教育没有时间限制,是长期连续不断的"在场",从第一粒扣子到人生的每一个台阶,家庭教育都在持续不断地起作用,它的影响将横贯人的一生。

3.家庭教育对社会发展的作用

家庭是社会的细胞,是社会文化的载体之一,对社会文明的传承和发展有着重要影响。习近平总书记在会见第一届全国文明家庭代表的讲话时强调:"无论时代如何变化,无论经济社会如何发展,对一个社会来说,家庭的生活依托都不可替代,家庭的社会功能都不可替代,家庭的文明作用都不可替代。无论过去、现在还是将来,绝大多数人都生活在家庭之中。"因此,家庭教育是推进社会主义和谐社会建设的重要基础。

4.家庭教育和社会教育、学校教育并称教育的三大支柱

家庭教育、社会教育、学校教育三方面以不同时间和空间填满了学生的整个生活,家庭教育是基础,父母是孩子的第一任老师,家庭教育在孩子一生的教育体系中的地位是不可替代的。家庭教育通过家庭环境、家庭观念以及父母的言行举止等对儿童的身心产生着直接的、长期的影响。社会教育是家庭教育和学校教育的延伸,社会教育无处不在,它对学生思想的影响极为广泛和长久,凡是社会生活的一切领域,都会对学生产生影响。学校教育是对家庭教育和社会

教育不足的弥补,成功的学校教育是家庭教育向更高水平提升的根本保障,同时为全民教育水平的提升夯实了基础。

真正的教育从来就不单单是学校的事情,更是家庭、学校和社会共同的责任。2018年8月,在全国宣传思想工作会议上,习近平总书记指出,"帮助青少年学生扣好人生的第一粒扣子"是全社会、家庭和学校的共同使命所在。只有全社会共同努力,青少年的人生扣子才能扣好。学校、家庭、社会三者之间彼此既是独立的又是相互联系的,从而构成了一个完整、统一的现代教育体系。

二、生活教育中家庭教育理念

(一)我校生活教育理念

崂山区第二实验小学自2013年创建以来,秉承"让生活走进学校,让教育回归生活"的办学理念,积极打造生活教育办学特色,致力于办成一所学生喜欢、家长放心、教师幸福、社会满意的高质量、高品位的学校,培养会生活、有情趣、敢担当、能创造,具有远大目标与理想,能够脚踏实地做好每一件小事,拥有人文气质、山海品格的现代小学生。生活教育让孩子利用所学解决现实问题,在这个过程中去认识生活、感悟生活、体验生活、创造生活。从生活中来,到生活中去,孩子能够自己领悟学习的意义,丰富自己的世界。

(二)现代家庭教育存在的主要问题

1.重智力轻德育

随着时代的发展,家长越来越重视对孩子的智力投资,例如,家长不惜花费昂贵的学费让孩子参加各种培训班,购买各种图书,带领孩子到世界各地旅行研学,开阔视野,增长见识等,却往往忽视了对孩子的做人教育。孩子的学习成绩几乎成为家长评价孩子的唯一标准。

2.重物质轻精神

在物质生活日益丰富的今天,不少父母较多地关注孩子的衣食住行,却忽略了孩子的内心世界,这样孩子容易出现心理问题和品德问题。其实父母并不知道,给孩子创造过度富有的生活环境或者太快答应孩子的要求,都会让孩子产生"有愿望就自然应该实现"等不切实际的想法,变得心灵脆弱,难以经受挫折。

3.过度溺爱、包办

从管理孩子的方式上来看,有的家长注重孩子的生活质量,却忽视了对孩子良好生活习惯的培养。在生活中,我们会发现有一部分孩子生活自理能力相对较差,自主能力不强,原因就在于家庭替孩子包办得太多,让孩子养成了过度依赖他人的习惯,尤其家庭隔代教育、溺爱,剥夺了孩子锻炼生活自理能力的机会,这将对孩子的成长发展产生深远的影响。

4.单亲家庭对孩子的负面影响

近几年来,随着社会经济的发展,离婚率也逐渐上升,导致学校里单亲子女日益增多,因此,单亲家庭教育问题也变得日益突出。处在单亲家庭的孩子往往会因为缺乏父亲或母亲的关爱,长期生活在情绪低落、压抑、没有安全感的状态下,其性格往往容易变得孤僻,从而产生了学习、情绪、交往等方面的心理障碍问题。因此,如何帮助单亲家庭的孩子走出心理的阴影,使他们阳光快乐地成长,也是家庭教育亟待关注的问题。

总之,从现代的家庭教育现状来看,在家庭教育观念、家庭教育管理方式方法等方面还存在很多问题。如何切实地帮助家长了解孩子的身心发展特点、心理特点,探索出切实可行的家校合育的最有效途径,是我们需要解决的问题。

(三)家庭教育生活化

在学校生活教育理念的指导下,我们如何开展家庭教育呢?

1.树立生活教育观

整合科学教育与生活教育是当今教育的必然选择 。作为教育不可或缺的一部分, 家庭同样肩负着推进科学教育与生活教育整合的重任。陶行知"教学做合一"的生活教育法是家庭教育的最佳方法。[1] 若家长能转变教育观念,转变教育方式,拿日常生活中的具体事情来教孩子,让孩子参与到日常生活中做具体事情,利用所学解决现实问题,引导孩子在实际的生活中养成良好的生活习惯,拥有美好的品德,丰富自我的内心世界, 做一个全面发展的人,那么,"让生活走进学校,让教育回归生活"的生活教育理念也就在家校合力下落到了实处。

---

[1]　沙银芬.陶行知生活教育理论及其在家庭教育中的运用[J].安庆师范学院报(社会科学版),2009,(3).

2.鼓励孩子走进社会

社会在一个人的成长过程中充当着学校的价值,因此应该鼓励孩子走向社会。社会教育是学校教育和家庭教育的补充与延伸,也是锻炼人、教育人、培养人的重要途径。通过社会教育,学生可以在复杂多变的社会生活环境中不断增强分析能力和应变能力,可以在社会大课堂体验各种不同的社会角色,学习社会规范,扩大社会交往,提高自己的综合素养,为参加现代化建设做准备。

3.鼓励孩子动手尝试

在教育中,"做"的目的就是获得真理,而通过动手参与获得的知识才能够让人牢记。家长应该鼓励孩子培养动手操作能力,告诉孩子重要的是参与的过程,而不是结果。孩子通过实际的动手操作能够学到很多知识,能够在其中获得实践体验、培养思考的能力,这些都是父母的说教所不能代替的。孩子通过动手尝试,在玩与练习的过程中对于世界有了更加深切的体会。

(四)家校合作常态化

著名教育家苏霍姆斯基曾经说过:"只有学校教育而没有家庭教育,或者只有家庭教育而无学校教育,都不能完成培养人这一极其艰巨而复杂的任务。"我们学校自 2013 年建校之初,就立足于"让生活走进学校,让教育回归生活"的办学理念,不断开展家校合作,以家长学校建设、家委会建设为依托,在如何引领、指导家长进行科学的家庭教育方面做了系统的尝试。

1.建立社区家庭教育服务站

生活教育理论中的"社会即学校"是生活教育的组织形式,是教育空间的扩展与延伸。把教育的范围扩大到整个社会,建构了学校教育、家庭教育及社会教育在内的大教育体系。我校自建校以来,先后在东城国际、鲁信长春、埠东佳苑等社区设立以德育品牌"为爱携手,相伴成长"命名的家庭教育服务站,通过家庭教育服务站,主动送家教进社区、进家庭,举行座谈、沙龙、讲座、心理咨询、经验交流等活动,使家庭教育由面及点,点面结合,实现学校、家庭、社区"三结合"教育。

(1)目的

一则便于开展幼小衔接教育;二则实现就近学习的目的;三则有效整合幼儿园和学校的学习资源;四则拉近和家长的距离,便于小范围解决家庭教育存在的问题;五则便于了解孩子幼儿园时期存在的问题,在教育上便于"对症下药",有的放矢。

(2)意义

有利于各种教育资源的互补。社区教育是家庭教育、学校教育的外部环境、补充和扩展,是一种持续时间长、影响广泛的终身教育形式,而且开展社区教育能有效地优化校内外的教育环境,充分挖掘发挥社区的德育资源,提高德育的实效性。

有利于教育目标的高度一致性。各种教育的方向是否一致,直接影响着学生的发展。如果家庭教育、学校教育和社区教育对学生的教育方向是一致的,那将形成一股教育合力,有利于学生的成长和发展。

有利于实现教育在时空上的紧密衔接。实现各种教育的衔接和协调,形成一个大教育系统。为中小学生成长提供一个良好的大教育环境是非常重要的。[①]

2.和家长共同开展"家校育人"

父母是孩子的第一任老师,家庭是孩子的第一个课堂,越来越多的学校将"家庭教育"植入学校教育,和家长共同开展"家校育人"。我校在生活教育的引领下,组建了"家长学校"。

(1)"家长学校"

贯通三个平台,开辟家庭教育学习新途径。除了家长代表和学校的教师,我们特聘全国知名教育专家为学校长期家庭教育讲师,青岛市心理、法律和安全专家作为家长学校顾问,贯通了学校、家庭、社区三大平台,开辟家庭教育培训的新途径。

立足四个维度,实现家庭教育培训的广泛性。从学校、年级、班级、个体四个维度,分层落实,全员覆盖,实现家庭教育的广泛性。全校范围内,定期(一个月)举办"家长大讲堂"培训。邀请国内家庭教育知名人士和教育专家到校,定期开展主题讲座活动;以年级组为单位开展专题培训活动,推进五种形式,提高家庭教育指导的实效性。

---

① 冯波.学校教育、家庭教育与社区教育"三结合"的意义[J].时代教育,2009,(1).

（2）亲子活动"陪伴是最好的教育"

学校每年开展系列亲子系列活动。如：开放图书馆，开展"亲子共读"活动；每年秋季举办亲子运动会；走进社会，开展各种丰富多彩的亲子活动等等。

（3）交流研讨

创建全区第一份《家校之窗》电子报刊，利用微信公众平台刊登成功家庭教育案例，传播优秀的教育理念，交流典型的教育经验。心理教师团队每周为全校家长定制"七彩心苑"网上微课程。

（4）科研引路

以"十三五"青岛市级课题"现代学校制度下家校合作提升教育合力的研究"为依托，积极开展家庭教育科研。以每年的德育研讨会为平台，开展"梦想照亮前方"之"我和老师的故事""我和孩子的故事"两项征文，把优秀作品编辑成册，作为家长学校的校本教材。

（5）跟踪指导

实行"崂山实验二小家校联系"制度。新生开学第一个月，教师每天评价学生的在校表现，家长评价孩子的家庭表现，学生自我评价并提出下周努力的方向，周而复始，大大促进了教师、家长、孩子之间的交流沟通。

（6）保障完备

我校的家长学校达到了"九有"，即：有校牌；有办公室；有心理咨询室；有设施一流的教室；有学习资料；有一支懂业务、爱家教的专兼职教师队伍；有规范的档案；有专项资金；有专人负责。保障完备，保证了家长学校活动顺利开展。

（7）组建"家长讲师团"

根据我校家长的社会优势资源，我校以班级为单位，每学期开展两次"家长讲师团"活动，邀请有专业特长的家长走进学校、走进班级，参与到学校的教育教学活动中，充分利用家长的教育资源优势，在家庭和学校之间建立长期联动关系，形成融洽的教学氛围，使家校联手共促学生健康成长。

家长作为一种与学校教育有着共同目标的校外资源，不仅能拓展课程资源，也能弥补学校资源的不足；全面提升学生综合素质、拓宽学生视野、丰富学生生活的有效途径；将学生教育活动拓展到家庭和社会之中，为各行各业的家长们搭建了走进校园、走进课堂的平台，形成了家校共育的和谐氛围。

3. 家委会参与学校管理和日常事务

培养孩子综合素养,助力孩子终身发展,需要家校形成合力。在生活教育的引领下,崂山区第二实验小学组建了家长讲师团,邀请不同职业的家长走进课堂。丰富有趣的专业课程、"接地气"的生活知识和职业技能,让孩子们享受到更为广泛的生活教育。

除了家长讲师团,崂山区第二实验小学还拥有食堂义工、安全义工、导师团等家长组织。此外,学校设立了全天开放的家委会办公室,家委会成员可以随时在此办公、交流。学校还与家委会共同制订了家委会成员驻校轮值办公制度,每周五上午,每个年级各两名家委会成员轮值驻校。驻校人员有"七个一"工作,即当一次校园护导员、听一节课、与教师或者孩子谈一次心、巡一遍校园、用一次餐、提一点建议、写一篇驻校日志。在每周的办公会上,学校会研究讨论家长在驻校日志中提出的意见与建议,并予以答复和解决。家委会驻校办公制度让家长真正成为学校大家庭中的一员。厚厚的几摞驻校日志,记载着家长参与学校工作的全过程,也见证着崂山区第二实验小学家校共育的扎实工作。

开放办学是教育监督的有效途径,与此同时,学校也将开放、民主、生活的教育理念传递给每一个家庭。

三、公益服务

高尔基有句名言:"真诚的关心,让人心里那股高兴劲儿就跟清晨的小鸟迎着春天的朝阳一样。"社会公益活动是直接服务于社会公益事业的无偿义务劳动,其目的是培养学生的劳动观点和习惯,培养他们的社会义务感和责任感,学习和掌握一定的自我服务和生产劳动的知识和技能。近些年来,我校根植生活教育理念,相继开展了丰富多彩的社会公益服务活动。

(一)组织形式多样化

1. 注册"崂山区志愿服务协会"

崂山区志愿服务协会成立于 2019 年 7 月,作为志愿服务领域重要的枢纽型、支持型平台,在志愿服务的统筹规划、组织协调下,为学校学生参与社会公益服务提供了一个活跃平台。学校以班级家委会牵头组织的形式,开展了丰富多彩的社会公益服务活动。

2.开通"心愿直通车"

"心愿直通车"少年儿童关爱行动是由共青团山东省委、山东省少工委、山东广播电视台主办,齐鲁网承办的一项公益活动。根据少年儿童的成长需求,策划设计一批"心愿菜单",以实现个人心愿为主线,充分整合各类资源,发动社会广泛参与,共同开展"心愿直通车"关爱活动。

学校以少先队组织牵头倡议学生积极参与"心愿直通车"志愿服务活动。通过形式多样、扎实有效的工作,帮助留守儿童、进城务工人员子女、贫困家庭子女实现在学习和生活中的愿望,帮助他们快乐生活、健康成长。

3.加入"天使的翅膀"爱心义工团

爱心义工团是2012年在青岛市慈善总会注册成立的公益团队,致力于少年儿童的公益,让父母带着孩子走出家庭参与社会公益活动,通过把小爱留给家人,把大爱奉献给社会的爱心理念,以家庭为单位,以团队为纽带,奉献爱心,帮助他人,快乐自己,为孩子指引正确的人生观和价值观。我校由家委会的组织牵头,各中队队员自发加入爱心义工团,根据社会公益服务计划,充分利用节假日开展社会公益服务活动。

(二)公益服务生活化

1.校园生活做公益

很多班级设置了志愿者小岗位,如图书管理岗、环保安全岗、帮扶小老师岗等,让学生充分参与到班级的日常生活管理之中,培养学生的责任感和主人翁精神,让大公益主题在低年段做到落细、落小、落实。

2.社会生活做公益

鼓励学生利用节假日适当参加一些社会上的公益劳动与志愿服务活动。例如:植树节时,和学生一起去户外植树种苗,体验劳动的乐趣,引发对环保问题的深度思考;重阳节时,带领学生到敬老院去看望老人,为老人讲故事,演节目,帮他们打扫卫生等。学生们不仅会重新认识节日的意义,也体会公益活动带来的神圣感,精神上获得巨大的满足。参与公益活动的方式有很多,他们也会在参与公益活动的过程中发现自己的价值,体会成长的快乐。

（三）公益服务的意义

1.促进学生的健康成长

当前青少年大多是独生子女,家庭的呵护和学习的压力让他们极少接触社会,参加社会公益活动不仅能让他们锻炼身体,增加社会阅历,开阔眼界,还能提高人际交往能力。

2.提高学生的综合素质

参加公益活动,对提高学生的综合素质也有十分显著的作用。能使青少年转变自我中心观念,培养吃苦耐劳的精神,还能增强爱国主义情怀,树立正确的价值观、人生观、世界观。

3.促进我国公益事业的发展

参与公益事业是一个国家的国民修养和文明素质的体现,公益事业应该和工作、学习一样成为日常生活中不可或缺的一部分。他们的积极参与,对我国公益事业的发展,具有极大的促进作用。[①]

第二节　基于大数据的小学生综合素养评价在家庭教育和社会教育中的应用

小学生综合素养评价系统的应用与实践就是围绕着"会生活、有情趣、敢担当、能创造"的关键素养把学校、家庭和社会三方面结合起来,引导学生参加社会实践活动,走进社会的大课堂,体验不同的社会角色,学习社会规范,参加家务劳动,增长生活技能,进行自我管理,落实学生的好习惯养成教育。

一、基于大数据的小学生综合素养评价系统在家庭教育的应用

基于大数据的小学生综合素养评价系统可以让家长借助手机端"成长足迹"随时看到孩子在学校的各项表现。在"点赞记录"中家长可以看到:学生的个人卫生情况;能否按时完成家庭作业,带齐学习资料;是否积极参加体育活

---

① 张自力.青少年参与公益事业的意义及促进对策研究[J].内蒙古教育(职教版),2016,(12).

动,认真进行两操;最近学校成绩有没有提高;在学校的值日中和同学的合作情况。任课老师和班主任的点赞涵盖了学生在校的方方面面,家长只要查看"点赞记录",学生的在校情况就可以一目了然了。

家长还可以在"点赞记录"中及时发现问题,如果老师的点评多是"知错就改,及时认真正确地改正错误",就说明孩子在学校的学习和生活中经常犯错,在老师的教导下能够及时改正错误。家长需要及时和老师沟通,了解孩子在哪些地方容易出错,及时调整教育方法和策略,与老师一起提高学生的学习成绩,帮助孩子改正错误。另外,"点赞记录"中"课堂发言积极,勇于表达自己的想法和观点"这一条很少或者没有,就说明孩子在学校课堂的表现比较被动,没有积极和老师互动,也可能是孩子的注意力不够集中。如果学生的成绩偏低,那有可能和他的课堂表现有关,家庭教育可以从训练孩子的专注力入手,帮助孩子提升专注力,进而提高学习成绩。

由此可见,家长结合学生在校的表现,可以有针对性地加以引导、教育,及时发现孩子出现的问题和不足,为家庭教育指明方向,让家庭教育更有针对性。

基于大数据的小学生综合素养评价系统的评价主体是多元的,家长也是评价的主体,家长随时随地可以通过我们的手机端,对孩子在家的自理能力、自律性、家务劳动能力和学习习惯等各项表现进行点赞或者评价。老师在评价系统教师端的"点赞详情"中就能够看见学生在家的表现,如:接待家里客人时的表现;出门能够自带购物袋,避免使用一次性物品;合理安排压岁钱,列采购清单等(图7.1)。如果孩子在居家学习时,能够自主学习,有自己方法或方式,家长就可以对这些素养采集点进行点赞,教师就能够看到学生居家学习生活的表现。

就这样,我们的小学生综合素养评价系统在家庭和学校之间架起了一座桥梁,成为我们家校沟通的纽带,让家庭和学校教育在学生的成长中形成合力。

(一)小学生综合素养评价系统助力家庭教育中学生良好行为习惯养成

哲学家培根说:"习惯真是一种强大的力量,它可以主宰人的一生,因此,人从幼年期就应该通过教育培养良好的习惯。"培养良好的行为习惯是一种养成教育,须遵循"从他律到自律"的过程。家长可以通过评价系统检查、督促、强化学生的行为习惯。经过长期训练、强化,学生行为习惯会从不自觉到自觉,从不稳定到稳定,最终养成良好的行为习惯,受益终身。

图 7.1　学生关键素养点赞界面

　　小学生综合素养评价系统不仅反映学生在校学习生活的过程性信息和发展状况,还遵循每个阶段孩子的身心发展规律,细化每个孩子在不同阶段应该养成的习惯目标。家长经常对孩子说"自己的事情自己做",家长会认为"我也在教育孩子要自理",但是家长和孩子都是非常迷茫的,家长不清楚到底孩子几岁就可以自己的事情自己做了、哪些事情是孩子可以自己独立完成的。孩子总是听家长说自己的事情自己做,那自己可以做什么呢? 这些就都是家庭教育在培养孩子习惯时遇到的实实在在的现实问题,家长不知道每个阶段的孩子应该培养哪些习惯,同时培养习惯过程中也缺少及时评价的抓手。小学生综合素养评价系统就在为家长们解决这个问题,让孩子在家庭中每个年龄阶段都能接受到符合身心发展规律和认知规律的教育,也让家庭教育有了及时评价的抓手。"自己的事情自己做"在我们的评价中就是"会生活——能自理":在低年级就是初步培养学生的生活自理能力,初步学习力所能及的知识和技能,运用所学技能,照顾自己的生活;在中年级就是能够自己解决生活和学习中出现的问题,会做一些简单的家务;高年级的目标就是能够做一些复杂的家务,在生活中能够自己做的事情自己做,要具备独自承担各种压力的能力。

　　我们对每个孩子在不同阶段应该具备的能力都有了具体的解读,家长可以在评价系统中找到自己孩子所处的年龄阶段、对应的目标,这样可以更准确为家庭教育找到科学的指导和行之有效的方法,助力学生良好行为习惯的养成。

无规矩不成方圆,"不学礼,无以立"。规则意识和礼仪教育是家庭教育的两个重要内容,从小让孩子学规则、懂规则、守规则,做讲文明的好孩子是每位家长的愿望。评价系统将规则意识和礼仪常识作为素养采集点,通过家长在"成长的记录"上的点赞和评价,关注学生在校外的家庭生活和社会生活中是否能够遵守规则(图7.2),如"有情趣——懂礼仪"意味着:低年级的孩子应该学会遵守游戏中的规则,不捣乱,讲谦让;中年级的学生能够在公共场所,讲文明,讲卫生,遵守秩序,轻声交谈,不打扰他人;高年级的孩子学会在不同场合注意自己讲话的音量,做文明游客、文明顾客和文明观众。在小学生综合素养评价系统中,家长明确了小学期间孩子该学会哪些规则意识,可以随时评价和记录孩子日常的表现,随手点赞,随时记录。家长在生活中各个方面关注到孩子的规则意识,并不断为孩子点赞和评价后,孩子的规则意识开始慢慢建立和养成。

图7.2　家长点赞评价记录界面

小学生综合素养评价系统促进了家庭教育中学生养成规则意识的养成,也有助于规范学生的行为,做一个讲文明的小学生。

另外,礼仪教育也是家庭教育中非常重要的内容之一,那么,如何将"懂礼仪"落实到学生的日常生活中,怎样做才是有礼貌的好孩子呢? 小学生综合素养评价系统让家长清楚地知道了在不同年龄阶段,孩子的礼仪教育内容是什么。关键素养"有情趣——懂礼仪"的具体表现:低年级的孩子会使用"您好、请、谢谢、对不起"等礼貌用语,不说脏话,在与别人交谈的时候态度自然、大方、有礼貌;中年级的孩子在进出门时,都能够和家人问好或者说再见,学习待客和做客的基本礼节,文明就餐,讲究礼仪;高年级能够用恰当的方式,在不同场合中做到文明礼貌,待人接物展现优雅的谈吐和举止。这些具体的礼仪教育要求让家长可以更清晰地明白孩子在每个阶段都需要做什么,让礼仪教育成为家庭教育的常态。

家长借助评价系统,助力学生礼仪好习惯的养成。很多孩子都知道见到长辈要问好,见到客人应该热情打招呼,但是因为没有鼓励和监督,孩子会不爱做,或者不主动做。特别是寒假期间要和家人们一起过春节,让家长头疼的是:孩子们越大越不爱和亲戚朋友打招呼了;在一起过节的时候,孩子们在聚餐的时候没有礼貌,这让家长们很尴尬。评价系统特别推出了"寒假版",让家长在"成长的足迹"上及时给孩子评价(图 7.3、图 7.4)。

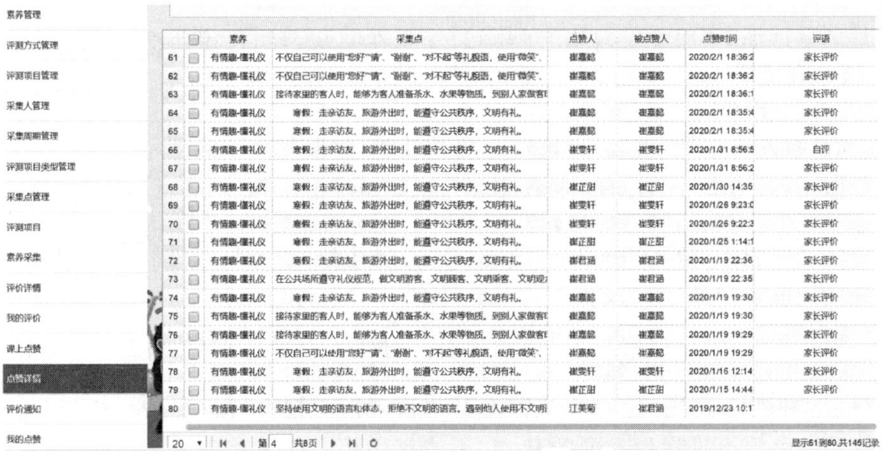

图 7.3　学生"懂礼仪"素养家长点赞界面

经过一段时间的评价和点赞后,孩子能够主动和亲友问好,并待人有礼貌,感觉一个假期孩子长大了很多。小学生综合素养评价系统不仅"寒假版"有对礼仪行为的评价,在"懂常识"的评价目标中也有对学生礼仪的评价指标,包括

	素养	采集点	点赞人	被点赞人	点赞时间	评语
☐	有情趣-懂礼仪	不仅自己可以使用"您好"、"请"、"谢谢"、"对不起"等礼貌语,使用"微笑"...	崔嘉懿	崔嘉懿	2020/2/1 18:36:2	家长评价
☐	有情趣-懂礼仪	不仅自己可以使用"您好"、"请"、"谢谢"、"对不起"等礼貌语,使用"微笑"...	崔嘉懿	崔嘉懿	2020/2/1 18:36:2	家长评价
☐	有情趣-懂礼仪	接待家里的客人时,能够为客人准备茶水、水果等物质,到别人家做客...	崔嘉懿	崔嘉懿	2020/2/1 18:36:1	家长评价

图7.4 "懂礼仪"关键素养家长评价界面

学生对家长和长辈的称谓礼仪、问候礼仪和在家就餐礼仪,通过评价指导学生的行为,养成讲文明懂礼貌的好习惯。

(二)小学生综合素养评价系统为"战疫"助力

2020年这场突如其来的疫情,让孩子们度过了一个"加长版"的假期。全天候居家学习、网络听课,第一次完全脱离老师的监督独立自主学习,让这次疫情也成了对家庭教育习惯培养的一次大考。在考验中孩子们表现出来最大的问题就是自律性差,学生自律性的养成也成为家庭教育的重要内容之一。疫情期间,学生在家上网课,离不开电子产品,家长很难监控孩子除了学习以外用电子产品玩游戏、聊天等行为。有的家长还说:"现在孩子大了,越来越难管了,家长的话都听不进去了。"家长们束手无策,学生自律性亟待提高,《小学生综合素养评价系统居家学习生活评价细则》就这样应运而生了,在原有的综合素养评价的基础上增加了"居家学习版",特别对学生在家学习的自律性提出了要求:第一,能够认识到时间的宝贵,有良好的作息时间,能够自主合理的规划安排时间,并按时完成计划;第二,有良好的作息时间,在提醒下能够规划安排时间,基本完成规划;第三,作息时间比较规范。家长和学生在"成长的足迹"上点赞,经过一段时间的点赞,学生能够自觉地安排学习计划,完成老师布置的学习任务,合理使用电子产品(图7.5)。

疫情期间,学生居家学习,让教师有一种鞭长莫及的感觉。因为正常的教学是与学生面对面的讲课,学生的作业也是能够看得到摸得着的,可是线上的教育让老师看不见学生听课的状态,不清楚学生对知识点理解的程度,也不能给孩子及时批改作业。这个特殊的时间更需要我们的小学生综合素养评价系统架起的家校沟通桥梁:家长的点赞和评价,让老师了解学生在居家学习期间能否认识时间宝贵,能否按时参加"空课"学习,做到态度积极,听讲认真等。我校四年级7班班主任在综合素质评价系统的"教师端"发现自己班的刘易阳(化

| 学生自评 | 家长评价 |

30、[评价系统居家学习生活]居家学习中能够按时参加空课学习（或完成自主制定学习计划），态度积极，听讲认真。

○ A、居家学习中能够按时参加空课学习（或完成自主制定学习计划），态度积极，听讲认真。（3.0分）

○ B、居家学习中能够按时参加空课学习（或完成自主制定学习计划），态度比较端正。（2.0分）

○ C、居家学习中，在提醒下能够按时参加空课学习（或完成自主制定学习计划）。（1.0分）

31、[评价系统居家学习生活]居家学习中能够认真完成居家学习的学习任务或作业，及时提交，及时修改问题。

○ A、居家学习中能够认真高质量地完成居家学习的学习任务或作业，及时提交，及时修改问题。（3.0分）

○ B、居家学习中能够完成居家学习的学习任务或作业，提交，并修改。（2.0分）

○ C、居家学习中在提醒下基本可以完成居家学习的学习任务或作业。（1.0分）

32、[评价系统居家学习生活]居家学习中，能够进行自

保存评价

图 7.5　评价系统居家学习生活家长评价界面

名)在居家学习时,评价点赞都是零,这个孩子的作业也没有及时上传。班主任第一时间联系家长,才知道孩子的父母都是我市青岛大学附属医院的医生,也是第一批参加"援鄂抗疫"的志愿者。家里只有姥姥、姥爷在,老年人不会用电子产品,又不想给老师添麻烦,就这样孩子的线上学习一直都没有参加。得知情况后,学校立刻组织了教师对刘易阳进行一对一帮扶,每天打电话指导她的学习。

抗击疫情期间,小学生综合素养评价系统还特意为学生准备了防疫知识库,在"成长的足迹"上学生就能够学习和检测防疫知识,这让我校的小学生对防疫知识了如指掌,不仅能够做好自我防护,还能够带动家庭做好防护工作。并且,我们在素养采集点"勇负责"的表现中还增加了:能坚持良好的卫生习惯(勤洗手,按照七步洗手法洗手等),践行防疫要求,按照要求佩戴口罩等。家长和学生按照采集点的要求做好个人卫生工作,养成良好的卫生习惯,这也为我们抗击疫情做出了贡献。

评价系统加入体育家庭作业,助力培养学生爱运动的好习惯。每个孩子的身心健康,是教育工作的大事,也是家庭教育的头等大事,结合"我运动,我健康,我快乐"的教育理念,我校推出了多彩的体育家庭作业,让运动成为生活习惯。所谓体育家庭作业,就是学生回到家中,按照学校老师为孩子制定的家庭锻炼计划,进行各种体育锻炼。家长为孩子每天主动完成体育锻炼进行点赞,引导和督促孩子完成体育家庭作业。最后,通过大数据的汇总,根据家长们的点赞和评价,学校评选出"运动之星"和"进步之星"(图7.6)。

疫情期间正赶上我们的春节,家中的饮食也多以大鱼大肉为主,再加上长时间的居家学习,孩子们的体重令人担心。小学生综合素养评价系统的"居家版"也将体育家庭作业作为素养的采集点:能够坚持每天完成课间操,保持每天1小时的活动量(课间操、仰卧起坐、跳绳、广播体操、自己擅长的体育项目训练等)。

家长点赞和学生自评相结合,让孩子们在居家学习期间,也能保持健康的身体。因为体育家庭作业需要家长的点赞,借此契机,很多家长放下了手机,陪孩子一起进行体育锻炼,每天坚持练习慢跑、跳绳、健身操、仰卧起坐等项目。小学生综合素养评价系统中的体育家庭作业,让家长和孩子一起逐渐养成了爱运动的好习惯。

依托生活教育课程,小学生综合素养评价系统促进家庭教育的全面发展。为了促进学生的全面发展,学校构建了生活教学课程体系和指向生活的评价系统。评价系统是生活教育课程的主要考核形式,考核不局限于传统的卷面测试,而要将评价与生活联系起来,真正考核学生学习后的品格和生活能力。评价主体除了老师以外还有学生、同伴、家长、社区人员,真正做到将课程评价与家庭教育相结合。评价内容要联系学生的实际生活,重视考查学生实践能力、

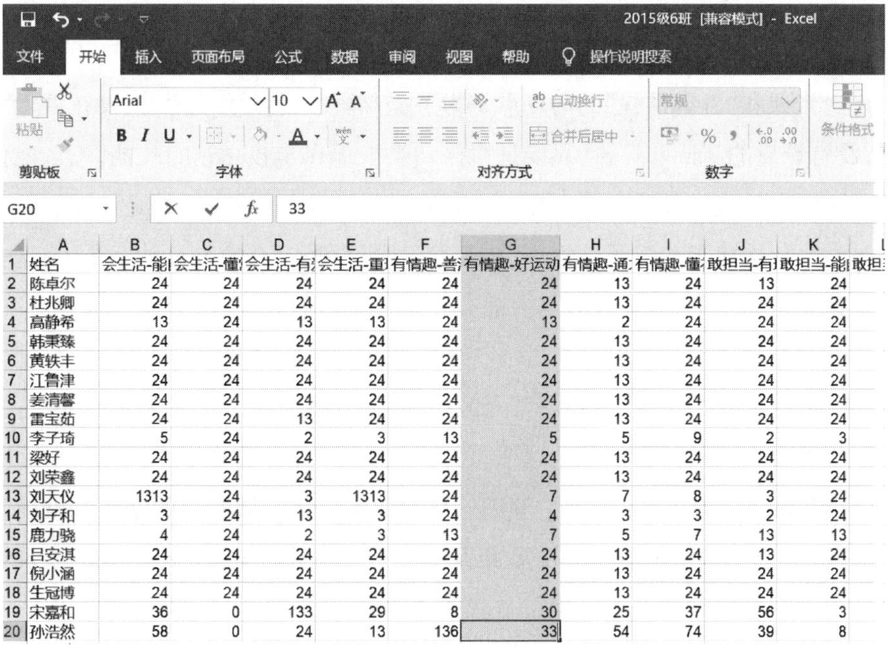

	A	B	C	D	E	F	G	H	I	J	K	L
1	姓名	会生活-能	会生活-懂	会生活-有	会生活-重	有情趣-善	有情趣-好运动	有情趣-通	有情趣-懂	敢担当-有	敢担当-能	敢担
2	陈卓尔	24	24	24	24	24	24	13	24	13	24	
3	杜兆卿	24	24	24	24	24	24	13	24	24	24	
4	高静希	13	24	13	13	24	13	2	24	24	24	
5	韩秉臻	24	24	24	24	24	24	13	24	24	24	
6	黄轶丰	24	24	24	24	24	24	13	24	24	24	
7	江鲁津	24	24	24	24	24	24	13	24	24	24	
8	姜清馨	24	24	24	24	24	24	13	24	24	24	
9	雷宝茹	24	24	13	24	24	24	13	24	24	24	
10	李子琦	5	24	2	3	13	5	5	9	2	3	
11	梁好	24	24	24	24	24	24	13	24	24	24	
12	刘荣鑫	24	24	24	24	24	24	13	24	24	24	
13	刘天仪	1313	24	3	1313	24	7	7	8	3	24	
14	刘子和	3	24	13	3	24	4	3	3	2	24	
15	鹿力骁	4	24	2	3	13	7	5	7	13	13	
16	吕安淇	24	24	24	24	24	24	13	24	13	24	
17	倪小涵	24	24	24	24	24	24	13	24	24	24	
18	生冠博	24	24	24	24	24	24	13	24	24	24	
19	宋嘉和	36	0	133	29	8	30	25	37	56	3	
20	孙浩然	58	0	24	13	136	33	54	74	39	8	

图 7.6　学生核心素养数据采集表格

创新能力、心理素质等。如学习“养成节约的良好习惯”时让学生自己通过调查研究去查找日常生活中“水龙头随手关紧,不用灯时随手熄灭”等相关问题,让学生将所学的知识运用于实践,指导自己的生活并增强自己解决问题的能力,这与家庭教育相辅相成。从家庭中来,再到家庭中去,评价系统在生活教育课程中促进了家庭教育的全面发展。

小学生综合素养评价系统帮助提高学生的动手能力。家庭教育中培养学生的动手能力,掌握基本的生活技能尤为重要,但现在部分家长对学生照顾过度,学生实践和动手的机会少。为了提高学生的动手能力,让教育回归生活,小学生综合素养评价系统与学校的“食堂亦课堂”相结合,在“花样大馒头”课堂上引导学生去认识在结婚、生子、庆寿等不同场合馒头代表的不同含义,同时学会发面、做馒头,课后鼓励学生回家为家人做一次馒头或者其他发面面食。学校将每个周五下午定为“快乐活动日”,孩子们根据自己的选课情况走班上课。六年下来,学生每人会选修 12 门课程,选修课成了孩子们快乐学习的乐园。六年级的“七彩饮品”课堂上,学生可以了解水果的营养搭配。四年级“小小面点师”

从面粉的发酵到和面、揉面,到加入蛋清和奶油,让孩子体验制作面点的全过程。三年级的"小小魔发师"教女孩子们自己梳头发。

选修课和"五亦课程"的出发点是为了提高学生的动手能力,但仅在课堂上学,没有课后的巩固和评价,只能是事倍功半。那在学校学过的技能,怎么能保证学生回家后能够动手做一下呢? 还有家长们不理解:学校不就是教知识的地方吗? 为什么还要教孩子蒸馒头、梳头发、做蛋糕呢? 有的家长甚至认为:这些事情孩子不需要会,只要好好学习就行。这些家庭教育中"唯分数""唯学习"的观念非常普遍。而我们要培养学生"会生活、有情趣、敢担当、能创造"关键素养,就必须打破家长们已经根深蒂固的教育观念,就必须为家长教育"开药方"。小学生综合素养评价系统就是这个"药引",它为家庭教育指明方向,提供方法。如:"会生活——能自理"的能力解读总目标就是能够将所学习的知识和技能运用到实际生活中,学生能够在日常生活中料理好自己的生活。高年级的表现就是能够做一些复杂的家务。家长从评价系统中了解和学习了家庭教育应该从哪些方面培养学生的自理能力,评价系统给家庭教育提出了科学的方法和正确的理念。同时,对这样的动手能力的反馈也尤为重要,家长可以在"成长的足迹"中"我要评价"的"家长评价"中在"每学期熟练掌握一门家务或者其他劳动技能"上给孩子点赞或者评分(图7.7)。不断的激励让学生多次反复尝试,最终学会各项生活技能,能够做基本的家务劳动,提高学生的动手能力。

		素养	采集点	点赞人	被点赞人	点赞时间
101	☐	会生活-能自理	"十个之劳动技能能够掌握一门新的劳动技能。	赵怡然	赵怡然	2020/5/10 18:
102	☐	会生活-能自理	寒假:积极参与家务劳动,坚持做好力所能及劳动事务。	赵怡然	赵怡然	2020/5/10 18:
103	☐	会生活-能自理	[评价系统居家学习生活主动分担力所能及的家务劳动,感受劳动乐趣,培养家庭责任感。	赵怡然	赵怡然	2020/5/10 18:
104	☐	会生活-能自理	[评价系统居家学习生活主动分担力所能及的家务劳动,感受劳动乐趣,培养家庭责任感。	赵悦宁	赵悦宁	2020/5/10 11:
105	☐	会生活-能自理	寒假:积极参与家务劳动,坚持做好力所能及劳动事务。	赵悦宁	赵悦宁	2020/5/10 11:
106	☐	会生活-能自理	"十个之劳动技能在家会自己收拾书桌、衣柜,会叠被子,能保持自己的房间干净整洁。	赵悦宁	赵悦宁	2020/5/10 11:
107	☐	会生活-能自理	[评价系统居家学习生活主动分担力所能及的家务劳动,感受劳动乐趣,培养家庭责任感。	赵悦宁	赵悦宁	2020/5/10 11:
108	☐	会生活-能自理	寒假:积极参与家务劳动,坚持做好力所能及劳动事务。	赵悦宁	赵悦宁	2020/5/10 11:
109	☐	会生活-能自理	寒假:积极参与家务劳动,坚持做好力所能及劳动事务。	赵悦宁	赵悦宁	2020/5/10 11:
110	☐	会生活-能自理	"十个之劳动技能在家会自己收拾书桌、衣柜,会叠被子,能保持自己的房间干净整洁。	赵浩宇	赵浩宇	2020/5/10 11:
111	☐	会生活-能自理	[评价系统居家学习生活主动分担力所能及的家务劳动,感受劳动乐趣,培养家庭责任感。	赵浩宇	赵浩宇	2020/5/8 19:2
112	☐	会生活-能自理	[评价系统居家学习生活主动分担力所能及的家务劳动,感受劳动乐趣,培养家庭责任感。	赵浩宇	赵浩宇	2020/5/8 19:2
113	☐	会生活-能自理	[评价系统居家学习生活主动分担力所能及的家务劳动,感受劳动乐趣,培养家庭责任感。	赵俊博	赵俊博	2020/5/8 14:5

图 7.7 学生关键素养"能自理"点赞统计界面

　　小学生综合素养评价系统有助于培养学生的"情商"和"爱商"。近些年,培养孩子的"情商"成为热点话题。何谓"情商"呢?情商(EQ)又称情绪智力,是近年来心理学家们提出的与智力和智商相对应的概念。它主要是指人在情绪、情感、意志、耐受挫折等方面的品质。[①] 虽然家长们越来越认可应该培养情商和智商,两手都要抓,两手都要硬,但家长毕竟不是教育方面的专家,不知道在家庭教育中应该怎么样培养孩子的情商。小学生综合素养评价系统在培养孩子情商方面为家庭教育出谋划策,成为家长的"军师"。

　　心理学家认为,情商包括几个方面的内容:一是认识自身的情绪,只有认识自己,才能成为自己生活主宰;二是管理自己的情绪,能够调控自己的情绪;三是能够自我激励,能够走出生命的低潮,重新出发;第四是认知与他人的关系,能够与人正常顺利交往;第五就是人际关系管理,即领导和管理能力。[②] 小学生综合素养评价系统就是从这五个方面入手,设计素养采集点,培养学生的情商。例如:"有情趣——善沟通"低年级的要求是孩子在与小朋友发生矛盾时,控制自己的情绪,不做出影响他人的行为,中年级是合理恰当地表达自我情绪,管理自我情绪,高年级是能够正确面对负面情绪,在交往中能够照顾对方情绪。

　　不同阶段的孩子在情绪的把握和表达上是不一样的,小学生综合素养评价系统给每个阶段的孩子提出了情绪控制的目标,符合学生的身心发展规律,因材施教、循序渐进地培养孩子的情商。情商的培养不单在学校里,更重要的是在家庭教育中。因为在家庭中,父母是孩子最熟悉也是在情感上觉得最安全的人,越是面对这种让孩子感觉安全的地方和人,孩子就越控制不好自己的情绪,如会对父母随便发火等。

　　那么家庭教育中该如何教会孩子控制自我情绪呢?家长可以在"成长的记录"中学习了解孩子每个阶段应该怎样管理自我的情绪,当孩子做得好时,还可以随时点赞评价。自从家长有了评价系统这个"法宝",孩子们在家也能够慢慢学会控制自己的情绪,不随便发脾气。在潜移默化中,孩子必将成为情绪的主人。

　　爱商(LQ)就是爱情商数,分别包含爱心商数、恋爱商数、同情心商数、情感

①　摩斯.情商:决定个人命运的最关键因素[M].谭春虹,译.北京:海潮出版社,2004.
②　摩斯.情商:决定个人命运的最关键因素[M].谭春虹,译.北京:海潮出版社,2004.

商数,后来衍生为人在爱情、亲情、友情等情感中的处理能力,指一个人了解爱的本质的程度与正确接收和表达爱的能力。

目前的国内的评价系统和课程中对孩子爱商的评价非常鲜见。由于缺乏爱的教育课程,孩子们不懂该如何表达爱,如何与他人建立良好的亲密关系,也不知道该如何与父母建立良好的亲子关系。在低年级会表现出不知道该怎么交朋友,想和小朋友玩时会用恶作剧或者打人的方式来表达情感。中年级、高年级的孩子则会表现出以自我为中心,不顾及他人感受,喜欢我行我素。"山东青岛 15 岁女孩弑母案""北大弑母案"等悲剧背后值得我们反思的是:家庭教育到底出现了什么问题,让一个 15 岁的女孩忍心对自己亲生母亲下此毒手呢?在中国最高学府接受最先进教育的高才生怎么会做出如此残忍的事情? 这都是家庭教育中爱商教育缺失的结果,当今中国大部分的家庭关系是以孩子为核心,一个孩子能够得到六个大人全方位的爱。孩子们想要什么家长也会竭尽全力去满足,这样的家庭教育让孩子把别人对自己的关爱视作理所应当,而却不愿意付出自己的爱,甚至会出现自私自利的性格。另外,因为想要什么就有什么,如果一时的欲望得不到满足,就很容易与父母反目。总而言之,所有这些问题的根源就在于家庭教育缺少爱的教育,感恩教育。在小学生综合素养评价系统中,"会生活——有爱心"的评价目标就是:培养孩子向善之心,具备关爱他人的能力;能够对所爱的对象以付出自己的智慧、体力,能给予所爱对象以欢乐、同情和理解;在生活中实践利他行为,在学习生活中能够关爱自己,关爱他人,关爱集体。

小学生综合素养评价系统中的"会生活——有爱心"的点赞记录有 845 页,共计 16886 条点赞和评价记录(图 7.8)。这些记录从日常生活中关爱长辈到平时关爱他人,乐于助人,到居家学习期间,积极参加抗疫,积极参与征文、班会、画画、诗歌朗诵等活动。每一条点赞和评价都是在培养孩子的向善之心,在学习和生活中愿意关爱自己,关爱他人,做一名爱己、爱人、爱家、爱国、爱社会的新时代好少年。

小学生综合素养评价系统提高家庭环保意识。有人说从一个国家的垃圾分类能够看出一个国家的国民素质,我们也可以说一个小小的垃圾分类也能折射出一个家庭教育的水平。习近平总书记曾经说:"绿水青山就是金山银山。"

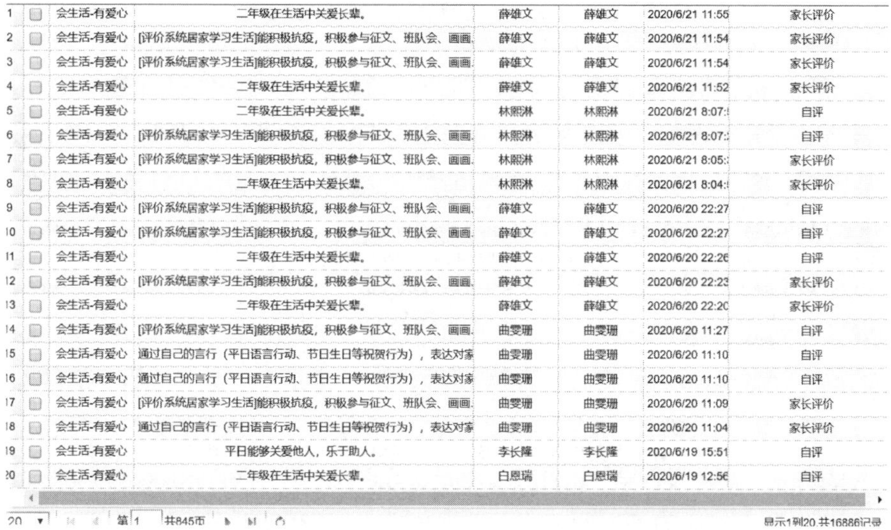

1	会生活-有爱心	二年级在生活中关爱长辈。	薛雄文	薛雄文	2020/6/21 11:55	家长评价
2	会生活-有爱心	[评价系统居家学习生活]能积极抗疫，积极参与征文、班队会、画画.	薛雄文	薛雄文	2020/6/21 11:54	家长评价
3	会生活-有爱心	[评价系统居家学习生活]能积极抗疫，积极参与征文、班队会、画画.	薛雄文	薛雄文	2020/6/21 11:54	家长评价
4	会生活-有爱心	二年级在生活中关爱长辈。	薛雄文	薛雄文	2020/6/21 11:52	家长评价
5	会生活-有爱心	二年级在生活中关爱长辈。	林熙淋	林熙淋	2020/6/21 8:07:	自评
6	会生活-有爱心	[评价系统居家学习生活]能积极抗疫，积极参与征文、班队会、画画.	林熙淋	林熙淋	2020/6/21 8:07:	自评
7	会生活-有爱心	[评价系统居家学习生活]能积极抗疫，积极参与征文、班队会、画画.	林熙淋	林熙淋	2020/6/21 8:05:	家长评价
8	会生活-有爱心	二年级在生活中关爱长辈。	林熙淋	林熙淋	2020/6/21 8:04:	家长评价
9	会生活-有爱心	[评价系统居家学习生活]能积极抗疫，积极参与征文、班队会、画画.	薛雄文	薛雄文	2020/6/20 22:27	自评
10	会生活-有爱心	[评价系统居家学习生活]能积极抗疫，积极参与征文、班队会、画画.	薛雄文	薛雄文	2020/6/20 22:27	自评
11	会生活-有爱心	二年级在生活中关爱长辈。	薛雄文	薛雄文	2020/6/20 22:26	自评
12	会生活-有爱心	[评价系统居家学习生活]能积极抗疫，积极参与征文、班队会、画画.	薛雄文	薛雄文	2020/6/20 22:23	家长评价
13	会生活-有爱心	二年级在生活中关爱长辈。	薛雄文	薛雄文	2020/6/20 22:20	家长评价
14	会生活-有爱心	[评价系统居家学习生活]能积极抗疫，积极参与征文、班队会、画画.	曲雯珊	曲雯珊	2020/6/20 11:27	自评
15	会生活-有爱心	通过自己的言行（平日语言行动、节日生日等祝贺行为），表达对家	曲雯珊	曲雯珊	2020/6/20 11:10	自评
16	会生活-有爱心	通过自己的言行（平日语言行动、节日生日等祝贺行为），表达对家	曲雯珊	曲雯珊	2020/6/20 11:10	自评
17	会生活-有爱心	[评价系统居家学习生活]能积极抗疫，积极参与征文、班队会、画画.	曲雯珊	曲雯珊	2020/6/20 11:09	家长评价
18	会生活-有爱心	通过自己的言行（平日语言行动、节日生日等祝贺行为），表达对家	曲雯珊	曲雯珊	2020/6/20 11:04	家长评价
19	会生活-有爱心	平日能够关爱他人，乐于助人。	李长隆	李长隆	2020/6/19 15:51	自评
20	会生活-有爱心	二年级在生活中关爱长辈。	白恩瑞	白恩瑞	2020/6/19 12:56	自评

20　第 1 共845页　　显示1到20,共16886记录

图 7.8　“会生活——有爱心”关键素养点赞界面

每个公民应该有正确的环境伦理观,重视环保,掌握环保知识,并积极进行环境保护实践。“自然亦课堂”中“绿色生活从垃圾分类开始”一课,通过主题活动,让孩子了解垃圾分类的意义、生活中有哪些垃圾,以及如何进行垃圾分类。

在家庭教育中,环保应从小事做起,从自身做起,综合素养评价也是将生活中的小事作为素养采集点,如不浪费粮食——“光盘计划”:在家的每一餐家长都可以为孩子光盘点赞和评价,鼓励孩子不浪费粮食,珍惜农民伯伯的劳动成果。

寒假版的评价系统中“会生活——重环保”的采集点是自己不燃放烟花爆竹,并能够意识到烟花爆竹的危害,这样的做法不仅在孩子幼小心灵埋下了环保的意识,还能够影响家庭,做到全民环保(图 7.10)。在小学生综合素养评价系统中家长可以给孩子每次出门自备购物袋,避免使用一次性物品点赞或评价。这些点赞或评价都为家庭教育中环保意识的培养助力。

(三)小学生综合素养评价系统在家校合作上的应用

家庭教育的主体是家长,好的教育必然来自好的家长。如果说家长也是一种职业,那这是唯一没有经过培训、考试、发证就上岗的职业。有些家长觉得自己不懂得如何做家长,往往是因为其在孩子的问题已经变得非常突出的时候,才开始

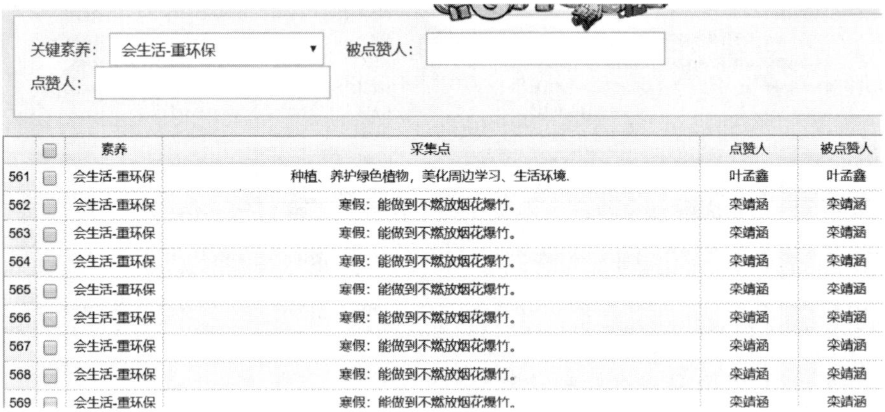
关键素养: 会生活-重环保 被点赞人:
点赞人:

		素养	采集点	点赞人	被点赞人
561		会生活-重环保	种植、养护绿色植物,美化周边学习、生活环境.	叶孟鑫	叶孟鑫
562		会生活-重环保	寒假:能做到不燃放烟花爆竹。	栾靖涵	栾靖涵
563		会生活-重环保	寒假:能做到不燃放烟花爆竹。	栾靖涵	栾靖涵
564		会生活-重环保	寒假:能做到不燃放烟花爆竹。	栾靖涵	栾靖涵
565		会生活-重环保	寒假:能做到不燃放烟花爆竹。	栾靖涵	栾靖涵
566		会生活-重环保	寒假:能做到不燃放烟花爆竹。	栾靖涵	栾靖涵
567		会生活-重环保	寒假:能做到不燃放烟花爆竹。	栾靖涵	栾靖涵
568		会生活-重环保	寒假:能做到不燃放烟花爆竹。	栾靖涵	栾靖涵
569		会生活-重环保	寒假:能做到不燃放烟花爆竹。	栾靖涵	栾靖涵

图 7.10 “会生活——重环保”关键素养点采集点界面

反思自己的教育,而这时再来解决问题常常是事倍功半,甚至为时已晚。

基于大数据的小学生综合素养评价系统通过对“大数据——学校”和“大数据——年级”中全校、全年级的素养评价得分以及“雷达图”“饼状图”等数据进行挖掘和分析,梳理整合家庭教育中的突出问题,搭建学习平台,为家庭教育排忧解难,提高家校合作的实效性。小学生综合素养评价系统不仅评价学生,还为了激励家长们学习家庭教育的好方法,为每个家长建立了“家庭教育继续学习证书”。从每学期家长在评价系统的评价和点赞数据中,整理和发现在家庭教育中有好方法、好家风、好经验的家庭,让家长走进课堂,作为老师,用评价系统来给孩子们点赞,让家长走进德育年会,分享好的教育方法和好的家风,为家长搭建展示平台,提高家校合作实效性。

1. 智慧评价诊断,搭建学习平台

利用大数据,确立培训主题和内容。下发《家庭教育问卷调查表》,全样本调查全校家庭教育现状。问卷主旨题目和构想来自中国家庭教育研究院,问卷内容包括家庭基本情况、教育常用方式、教育困惑、教育特需。家委会协助统计,完成学校家庭教育档案,包括基本情况分布图和三类问题汇总表(三类问题即具有共性的一般问题、具有年级特性的中级问题、具有个性的特殊问题)。通过数据统计,客观掌握家长家教情况,确立沙龙主题和内容。

学校每学期最少开展 2 次全校范围内的专家讲座,为家长普及家庭教育过程中需要的育儿知识。我校曾邀请国内家庭教育知名人士和教育专家到校,定期开展主题讲座活动。

2019 年的"大数据——学校"的数据折线图中,我们全校孩子在"会学习"关键素养的得分较低(图 7.11)。在开展广泛的家访调查过程中,家长们也提出了自己的困难:孩子在学校很听老师的话,一到家里就不想学习,家长们的管教也多是训斥和打骂,但效果都不理想。面对家长提出来的困难,学校为家长们定制了一份专属"药方":请来了国家二级心理咨询师、美国正面管教家长讲师顾贺春女士到校。顾老师深入讲解了家长需要转变的三个方面,家长需要从孩子对立面走向孩子的水平线,一起和孩子打败困难,而不是和困难一起打败孩子。顾老师的讲座获得了家长的认可,家长的困惑及时得到了解决。

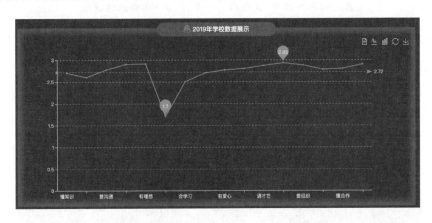

图 7.11　2019 年"大数据——学校"折线图

另外,不同年级、不同年龄段的孩子也会有不同的特点,家长在教育中也会遇到这个阶段共有的问题。通过大数据的采集、挖掘和分析,学校找到共性问题,还创办了"山海大讲堂",其中包括"家长课堂""家长学校",以及线上的"家时有约",请专家走进学校,分年级为家长们排忧解惑。这里有最科学的教育方法,也有最贴近生活的教育理念,让家庭教育在孩子的每个年龄阶段都不缺席,都有方向,也都有抓手。

学校从小学生综合素养评价系统的数据采集、挖掘、分析中发现了一年级家长们家庭教育的问题是孩子的专注力不够,在完成家庭作业时,总是写一会玩一会。针对这个问题,2019 年"大数据——年级"中一年级的柱状图中"会学习"的平均分为1.4,低于其他素养采集点的平均分(图7.12)。

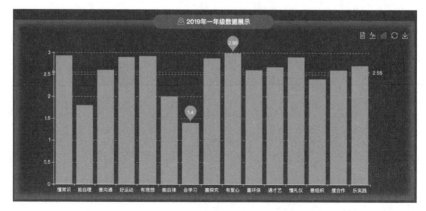

图 7.12　2019 年"大数据——年级"中一年级的柱状图

2019 年 4 月 9 日,叶祥文专家走进"家长学校",为一年级的家长们声情并茂地传授了"小学生提升专注力和记忆力的十种方法"。

对四年级家长在小学生综合素养评价系统中反映的孩子开始叛逆、顶嘴、不听话,让家长无所适从、无能为力等情况,体现在 2019 年"大数据——年级"中四年级的折线图中"善沟通"的平均分是最低的,这也说明孩子在四年级出现了情绪变化较大等问题(图7.13)。

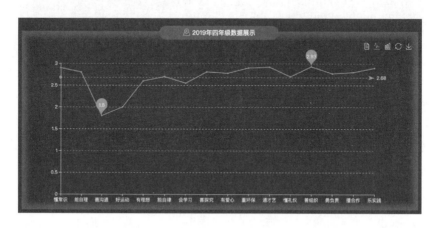

图 7.13　2019 年"大数据——年级"中四年级的折线图

我校订单式邀请青岛新阳光心理研究所心理咨询师徐少波老师为家长们上了一堂生动鲜活的家庭教育辅导课,协助家长们走出家庭教育的困惑,更平和、更安全地度过孩子的重要时期。家长们纷纷反映此次讲座内容丰富、有针对性,使家长们增长知识,对孩子青春期教育有了更为清晰的目标和方向。

六年级的孩子进入青春期,在综合素养的"大数据——年级"中"善沟通"这项素养的分值较低,说明孩子在这个年纪情绪波动较大(图7.14)。六年级家长在评价系统中反映孩子进入青春期,父母与孩子之间有些许不理解、不和谐和冲撞。父母知道在这个时期,孩子开始有了男女不同的特征,有了性格,想要证明自己,身体和心理都发生了变化,但该如何陪伴孩子度过这个关键时期,这让家长不知所措。我校举办了一场主题为"我的青春不设限——如何更好地度过青春期"的公益课,来自上海空国际教育的高级老师为六年级的孩子和家长们倾情授课,引领大家正确对待青春期这一特殊的重要人生时期。

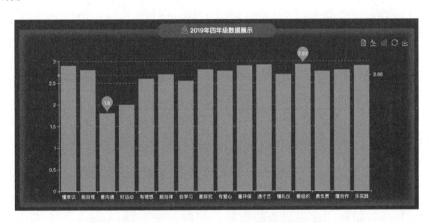

图7.14　2019年"大数据——年级"中六年级的柱状图

我校为了更好地贯通三方资源,于2017年先后在鲁信长春小区和东城国际小区设立了两个家庭教育服务站,做到送家教进社区、进家庭,使家庭教育由面及点,点面结合。今后我校将有计划地继续开展座谈、沙龙、讲座、心理咨询、经验交流等各种家庭教育服务活动。

2.设立家长激励评价体系,共促亲子成长

学校还特意为家长设立家长激励评价体系——"家庭教育继续学习证书"。这是崂山区第二实验小学家长学校学员参加家庭教育的凭证,是评选家长学校优秀学员的重要依据。家长自主参加校内校外家庭教育可以记学分,参加学校家庭教育方面的征文可以记学分,在全校交流育子经验可以记学分。一年累计达到 10 学分,经过孩子签字确认,可达到合格等级,家长学校每年会根据积分按比例评选出当年的"优秀成员",颁发证书,给予表彰,让传说中的"家长作业""家长成绩单"成真。

二、基于大数据的小学生综合素养评价系统在社会教育的应用

基于大数据的小学生综合素养评价系统在社会教育的应用非常广泛,我们用"请进来、走出去"的方法挖掘社会资源,共同培养学生。请进来是指经常邀请大学的教师当客座教师,品名著、习书法、讲儿童诗、讲交通安全;走出去是指请周边单位或教育示范基地为学生学习提供服务,让孩子们到科技馆、海军博物馆、二月二农场、盘古空间、百花园等地参观,让孩子们开阔眼界,丰富知识。

学校将小学生综合素养评价系统应用到社会教育的评价中,让学生的实践更有目标性。对社会实践的评价形式也是丰富多样的:评分点赞、问卷反馈、知识闯关、拍照录入、打卡计数、输入统计等。多样的评价更有助于评价学生实践效果,让社会教育的成果可以看得见,摸得着。

截至 2020 年 1 月 10 日,我校在"能创造——乐实践"的点赞数已经达到200020 条,每一条点赞都是对孩子一次实践的记录和肯定,记录了孩子在社会教育的点点滴滴和成长足迹。这些数据的背后包含着社会教育的各个方面,有实践活动课程,有校外阅读基地,还有各种公益活动。

学校因校制宜开设生活类的实践课程和时间活动,引领学生走进生活现场,加深实践体验,深切感悟生活的道德意蕴,比如有计划地开展"爱我家乡环境从我做起""弯腰捡废纸,随手拾垃圾,争当环境小卫士"等各种主题鲜明、丰富多彩的社会实践活动。

学校还开启校外阅读基地。青岛如是书店成为"崂山区第二实验小学校外读书实践基地"。孩子们一起到如是书店,在音乐课邵老师的带领下,一起诵读现代散文家朱自清先生的作品《春》、古诗《游子吟》,让孩子们体会文字美和享受读书乐趣。

社会中的公益活动,我们也一直在行动。2020 年一场疫情,崂山区第二实验小学二(12)中队的队员们从新闻中得知全国各地地方医疗队的叔叔阿姨们

纷纷奔赴武汉,医疗物资紧缺。中队的刘玥萱爸爸在中队提出捐赠倡议,队员们拿出自己的压岁钱,献出自己的一分力量,为抗击新冠肺炎的医生护士叔叔阿姨们加油。在短短的 2 个小时内,中队共计捐赠 5485.8 元。正是孩子们平时合理安排压岁钱,才能够在紧急的时候贡献出自己的一份力量。

第三节　基于大数据的小学生综合素养评价系统对家庭教育和社会教育成效的影响

基于大数据的小学生综合素养评价系统让家庭教育有了抓手,对学生习惯养成起到了激励作用。同时,家长的评价反馈也记录下孩子们家庭生活的每一个精彩瞬间,有利于孩子及时巩固学校学习效果,养成良好的学习习惯。评价系统强调实践推动生活教育的发展,评价强调实践性,指向生活。评价系统融入生活化课程,即学科主题课程、"五亦课程"、选修课,引导学生学以致用,把在校学到的生活技能带回家,通过反复操作实践,真正将所学应用到生活中,推动家庭教育的发展。学校组织家长系统地学习家教知识,帮助家长树立正确的教育观念,掌握科学的家教方法,提高教育子女的能力;利用大数据,确立培训主题和内容,为家长搭建学习平台和家校沟通平台,让家长和学校真正做到手拉手,心连心,共同育人,为家校合作开辟新渠道。

一、小学生综合素养评价系统有助于提高家校评价的一致性

(一)家庭教育和学校教育的目标一致

目前家庭教育出现了培养学生的智力、非智力发展的失衡状态,就是家长们更注重培养学生的智力、学业成绩,忽视了学生生活能力和品格教育。家长对学生的评价也是简单和片面的,部分家长"唯分数论",学习成绩好的就是好孩子,成绩不好的就是差生。这种简单粗暴的评价在家庭教育中会影响孩子的心理健康,容易让孩子产生自卑的心理,孩子长期得不到关注会产生严重的心理问题。这种脱离了生活的教育会扼杀学生的好奇心和探究意识。

党的十八大报告提出要全面贯彻党的教育方针,坚持教育为社会主义现代

化建设服务、为人民服务,把立德树人作为教育的根本任务,培养德、智、体、美、劳全面发展的社会主义建设者和接班人。"教育为社会主义现代化建设服务、为人民服务"指明了我国教育的社会性质和服务方向;"立德树人"规定了教育的根本任务;"培养德、智、体、美、劳全面发展的社会主义建设者和接班人"确定了我国教育的培养目标。我校根据国家的育人方针,确定了教育目标是培养"会生活、有情趣、敢担当、能创造,具有远大目标与理想,拥有人文气质、山海品格的现代小学生",我们的学校、社会和家长都有责任使教育形成合力,培养让父母放心的孩子,培养国家的栋梁之材。学校借助评价系统搭建起家校沟通的平台,评价系统成为家庭教育积极的参与者、科学的引领者,使家庭与学校在"培养什么样的人"的问题上达成共识。

(二)家校携手,共同促进学生的全面发展

在"培养什么样的人"的问题上达成共识后,我们共同行动,这要得力于我们评价系统多元的评价主体即自我评价、同伴评价、家长评价和教师评价相结合,共同参与孩子的教育。因为只有家校结合形成教育合力,才能抓住更多的教育契机,我们通过评价系统将两者恰如其分地结合起来,随时了解孩子校内校外的心理状况、学习情况,促使其成为社会所需要的多方面人才。

我校学生于 2016 年、2019 年获得美国世界机器人锦标赛 VEX 金奖和最佳创意奖,2017 年、2018 年又获得 VEX IQ 项目总冠军;我校 SHINING 啦啦操队的小队员们互帮互助、通力合作,凭借齐心协力的团队精神在全国啦啦操联赛中获得集体花球自选动作冠军的好成绩;舞蹈社团获得市艺术节一等奖并参加省级展演;学校曾有学生代表全区少先队员在区少代会上献词;区运动会上我们的方队获得阵阵掌声;轮滑社团比赛获得全区第一名;儿童剧社团获得区艺术节比赛第一名;乒乓球社团获区级比赛第一名、第二名的好成绩。学校成为学生愉快而有趣的生活和学习的乐园。

学校采用三种形式分层课程模式。三种形式为共读经典、专题培训、微信指导平台。共读经典可以由学校或年级推荐经典家庭教育数目,通过班级 QQ、微信和现场沙龙形式进行分享交流;专题培训方面,培训人为校领导、外请专家、班主任等,培训载体可以为期初、期中家长会,沙龙,讲座等;微信指导平台方面,学校心理教师团队每周为全校家长定制"七彩心苑"网上微课程,家长定时阅读、分享感受,转变教育观念,掌握科学的育人方法。

二、评价系统改变家庭教育方式,由"言教"向"身教"的过渡

小学生综合素养评价系统让家长真正参与学校的教育发展,有效地体现出家长对学校教育教学工作的知情权、评议权、参与权和监督权,完善学校、家庭、社会三位一体的教育体系,营造良好的教育环境。从孩子来上学开始,家长也开始了作为家长的学习,通过不断地参与学生的评价,家长改变原有的家庭教育方式,从以"言教"为主到身体力行,积极参与学校组织的学习和活动,在学校有三级家委会和四个队伍,每个队伍中都有家长们积极参与的身影。

陪伴是最长情的告白,孩子的学习过程离不开家长的陪伴,家长通过各种身份参与到孩子的成长过程中:在体育家庭作业中,家长是陪跑陪练的队友;在学校,家长是课堂讲师、安全顾问、食堂义工;在社会上,家长是一起做公益的朋友;在家庭学习中,家长是督促和帮助学生的老师;在生活中,家长和孩子是一起劳动一起管家的好搭档。家长从高高在上的只会对孩子发号施令的人变成和孩子成长的参与者,这就是综合素养评价的效果,让家长也参与到孩子的成长中。

三、小学生综合素养评价系统提高家校合作实效性,促进学生发展

基于大数据的小学生综合素养评价系统作为我校的重要评价系统,在家庭教育和社会教育中保证了评价的即时性。学校再综合全校的评价大数据,发现教育问题,寻得教育规律,实施教育策略。我校的家庭教育和社会教育虽然刚刚开展不到八年,但取得了良好的效果,得到各级领导的赞誉。我校先后获得崂山区优秀家委会、优秀家长学校,青岛市优秀家委会、优秀家长学校,山东省家庭教育示范校等荣誉,并成功承办市、区家委会工作推进会议,承办海峡两岸家庭教育论坛。

小学生综合素养评价系统搭建了学校与家庭之间的连心桥、互通桥,创新指导家庭教育,为家庭教育出谋划策,形成家校之间相互配合、相互支持的互动模式。学校每年都会在年末开展德育年会,总结德育和家庭教育方面的工作,赢得了家长、领导、老师的一致好评。学校家校合作进一步丰富"为爱携手,相

伴成长"的德育品牌内涵,切实提高德育工作的针对性与实效性。德育年会对于每一位家长来说也是一场家庭教育的经验交流与学习提升。"为爱携手,相伴成长"征文获奖代表学生家长赵玉升爸爸讲述《我与老师的故事》,传达了对老师的朴实而真诚的感谢以及对学校的信任。家长们真挚的情感和专业的教育理念赢得了现场热烈的掌声。我校精心制作的短片真实地记录了家长们在学校为孩子和老师忙碌的身影,作为新年礼物送给家长们,让家长和学校心连心。

四、生活课程与评价系统的完美融合

基于大数据的小学生综合素养评价系统融入"五亦课程",也是硕果累累。万佳老师的《校本课程"食堂亦课堂"系列中的表现性评价》在青岛市"实施表现性评价案例"中获得一等奖。学校的"五亦课程"被评为青岛市精品校本课程。

五、小学生综合素养评价系统对社会教育产生的效果和影响

评价系统的应用与实践通过德育发展、社会实践、身心健康维度的评价,培养学生的社会责任感,引导学生积极参加各项文体及社会实践活动和公益性活动。

为了弘扬尊老敬老的传统美德,引导学生孝敬长辈,学会感恩,同时结合学校学雷锋活动方案精神,2018年3月24日,二(4)中队全体师生走进石老人山水居生态养老中心进行了爱心慰问活动。2018年10月24日,六(7)中队在家委会的带领下参观了青岛市城市规划展览馆,探寻了青岛的历史足迹,感受城市文化的魅力。2019年5月13日,五(6)中队开展了科普研学活动,走进中国海藻生物科技馆,探索海洋奥秘,了解蓝色经济。2019年12月,二(4)中队开展了"手拉手,心交心,播种友谊"的爱心捐助仪式,为两名特困学生捐款、捐物,让孩子们献出爱心,收获友谊,感受爱的温暖和力量。2020年,一年级同学通过爱心义卖,获得善款,为西藏的手拉手学校的同学送去数百本《新华字典》。

小学生综合素养评价系统凸显了立德树人的教育目标,评价系统的应用与实践通过德育发展、社会实践、身心健康维度的评价,培养学生的社会责任感,引导学生积极参加各项文体及社会实践活动,引导学生积极参加体育锻炼,拥有健康的身体,养成良好的心理品质。

第八章　大数据背景下小学生综合素养评价研究总结与展望

第一节　大数据背景下小学生综合素养评价研究总结

自 2013 年建校以来,青岛市崂山区第二实验小学一直秉承着"让生活走进学校,让教育回归生活"的办学理念,以创新的理念、与时俱进的精神深化教育教学改革,将先进的信息技术融入细致、务实的工作中,创造性地开展了一系列的教学与实践工作。2017 年 7 月,"基于大数据的小学生综合素养评价系统研发研究"成功立项为教育部"十三五"重点规划课题。我校在国内率先启动了"小学生综合素质评价系统"的研发与实践研究,标志着我校立足教学、着眼研发的教学、研发体系得到了进一步完善,实现了二者的高度融合。

一、大数据背景下小学生综合素养评价研究工作的主要内容。

(一)探索新的素养评价体系,奠定综合素养评价技术基础

1. 创新研究理念

研究发现,传统的学生素养评价项目繁杂,存在不全面、不准确的现象,影响了学生素养评价的效率与科学合理性。如,已有的诸多评价体系无法对课堂教学的信息进行及时的保存与汇总,且无法准确地记录学生与教师在教育、教学过程的实时动态变化,因而很难在评价数据中发现真实的教育规律。又如,现在正在试水的"魔法棒""电子学生证点赞刷分"等,系统虽有学生的过程表现记录,但依然存在着评价内容不够全面,评价结果过于单一,评价与生活、学习脱节等诸多的弊端。可见,科学的评价需要创新理念,以提高评价的效率与科学合理性,最终达到促进孩子健康成长的目的。

大数据拓宽了学生素养评价的思路和途径,能破解教育评价单一模式,改善评价的质量,并能提升评价的深度和广度,促进教育评价由结果导向向过程导向转变。以大数据为抓手的综合素养评价通过过程性评价与结果性评价相结合,预计能极大地促进每一个孩子综合素养的全面发展。这一思路的转变为综合素养评价提供了新的切入点。

通过引入先进的信息技术,通过可穿戴设备,以手机、平板电脑、电脑为客户端,开发相应的软件,建立科学的小学生综合素养评价体系。全面采集、存储、传递、汇总学生学习生活过程的数据信息,通过多元评价对评价数据进行挖掘和分析,突出评价的激励与调控功能,促进学生综合素养不断发展。这一系列的工作将技术构思变为了现实,奠定了综合素养评价的技术基础。

2.构建科学全面的评价指标

评价体系参考 2017 年中共中央办公厅、国务院办公厅印发的《关于深化教育体制机制改革的意见》中对学生"关键能力"的界定,结合我校育人目标和学生身心发展的阶段性特征,围绕"会生活、有情趣、敢担当、能创造"四个关键能力,将其分解为"十二美德",形成"十六表现",根据不同年级小学生的身心发展特点,将"十六表现"进一步细化为不同年级学生独特的评价指标,形成关键行为特征,从而建立科学完善的学生评价体系。小学生综合素养评价系统利用先进的信息技术,发挥大数据的关键科学作用,着眼于综合素养评价的可实践性,构建新型智慧学生综合素养评价系统。

小学生综合素养评价系统将学校表现、知识过关、能力展示、家长反馈等多渠道信息纳入系统,全面采集、存储、传递、汇总学生学习生活过程的数据信息,并对评价数据进行挖掘和分析,通过对主体的多元评价,实现评价内容多维、评价方式多样、评价主体多元的要求,将国家提出的"学生关键能力"培养的要求在校本化的过程中真正落地,落实立德树人,促进学生的全面发展。

（二）"知行合一"、五育并举，深耕综合素养评价

近四年的课题研究中，课题组始终严谨、认真地修改、调整、完善评价细则，在深化教育教学改革之路上，坚守促进学生素养全面发展的目标不变。

1.追根溯源，构建小学生综合素养评价体系

国家对学生关键能力（核心素养）的重视、学校对学生关键能力的培养对学生个人成长和社会发展具有重要价值。培养这些关键能力对学校来说是一个考验，涉及学校教学的顶层设计，贯穿于学校的教育教学的始终，整合、统一各方面教育教学工作。

在文献搜集和整理中，课题组发现国内外没有足够可借鉴、可参考的评价体系，我们认为对小学生综合素质评价系统的研究应该回归发展人、育人这一目标，形成符合小学生自身特点、符合我校育人目标的评价框架，基于此形成了完整的《小学生综合素养评价系统评价细则》。

（1）评价目标

促进小学生综合素养（德、智、体、美、劳）的发展，即实现我校的育人目标——"会生活、有情趣、敢担当、能创造，具有远大理想与目标，能够脚踏实地做好每一件小事，拥有人文气质、山海品格的现代小学生"。

（2）评价主体

自我、同伴、家长和教师，多元主体评价相结合，实现评价主体的多元化。

（3）评价内容

结合当前教育改革的特点与趋势，学校为每一个学生打下"二实小烙印"，即具有"会生活、有情趣、敢担当、能创造"的四大"关键素养"。这四大关键素养全面融入社会主义核心价值观教育的内容要求，是评价的基础。围绕"四大关键素养"的养成，学校构建了基于"十二美德"的学校育人目标体系的结构框架，将"十二美德"显性化为学生发展的"十六表现"，从而形成了学生发展的目标体系及其表现性评价指标。

2.评价系统研究实践：落实"十个一"到"10＋X"

小学生综合素养评价系统不断在评价实践中修改、完善。在实践中，我们发现新的系统与2018年青岛市的《青岛市促进中小学生全面发展"十个一"项目行动计划》的工作目标和我校的育人目标不谋而合。因此，学校将"十个一"

进行了校本化的部署和要求,《小学生综合素养评价系统评价细则》确定的素养采集点中,包含这"十个一"项目的落实与评价采集。"十个一"素养采集点(我校为"十一个一",即"一诗一日记,一书一演讲,一歌一研学,艺体劳益加自保")。为此,学校根据学生不同年龄段的要求,有针对性地分为三个不同等级进行评价,老师、家长、学生等多元评价主体根据学生的实际完成情况给予点赞评分。

这"十个一"的素养采集点是我校小学生综合素养评价体系中一部分素养表现,在《小学生综合素养评价系统评价细则》中,每个年级都有与"德、智、体、美、劳"相关的素养采集点。因此,小学生综合素养评价系统是"10＋X"项目集合,在经过一个学期的学校评价实践后,评价系统呈现出了极为积极的作用。

3.评价激励可视化

点赞评价能增强学生主动学习的兴趣。课堂是教育教学的主阵地,课堂教学收到了很好的效果。教师在课堂上用平板电脑等随时对孩子的表现进行点赞评价,记录下孩子们课堂上的每一个精彩瞬间,激发学生主动学习的愿望与兴趣,帮助其养成良好的学习习惯。教室里的"班班通"大屏幕上即时显现教师对被评价学生的评价内容,实现评价的可视性,极大提高了学生的积极性。

4.评价主体多元化

多元评价凸显立德树人的目标。评价系统通过"十个一"评价,培养学生的社会责任感,鼓励学生积极参加各项活动及社会实践活动,引导学生积极学习文化素养,进行劳动活动,参与体育锻炼,接受艺术熏陶,锤炼公益品行。

5.评价应用实践化

实践推动生活教育的发展。评价关注学以致用,重视实践性,引导学生完成从学习到运用的内化外延过程,推动我校生活教育的实践化发展。

(三)研究实践,展现综合素养评价应用价值

通过研究与实践,小学生综合素养评价系统的应用价值不断体现。

1.减轻评价负担,有利于教育教学优化发展

小学生综合素养评价系统全面有效地整合学生的学习生活,且相关资料的收集、整理、保存、传送等都变得十分便利,减轻了学生家长重复上交评价材料的负担,减少了教师复杂的评价记录工作,也减少了学校整理、分析、存放等的工作量,有利于三方有更多的时间和精力优化教育教学。

2.有机结合评价管理,有利于学校管理科学发展

学校把综合素养评价与学生学习活动、德育发展、艺术体育、社会实践等教学活动相结合,用评价系统串联学校教育教学的相关工作,实现以评促育,学校管理工作整合有效发展。同时,用评价系统将学校教育和家庭教育密切结合,提升了家校合作的实效性,为教育教学和学校管理提供科学指导。

3.公平、公开、多元评价,有利于实现评价激励公信力

评价系统的应用与实践关注学生成长历程,关注每一个孩子的变化发展,促进教育公平。评价系统的设置,保证反馈及时公开,保证了评价过程和结果的真实性,依靠互联网的公开性、资源的互享性和评价环境的保密性,将公众监督落到了实处,有利于消除家长与社会对于评优评价的质疑,实现评价激励的公信力。

小学生综合素养评价系统是以提高受教育者诸方面素质为目标的。它以学生的个性为基础,以全面提高学生的基本素质为目的,尊重人的主体性和主动精神,注重开发学生的智力潜能,从而促进学生的综合素养。我们期望并规划经过不断研发,新的系统能打破学段界限,衔接学生的成长。通过智能分析,小学生综合素养评价系统最终形成一个个学生自身发展的数据资源包,这个资源包里包括了学生在生活能力、情趣修养、责任担当、学习创造等方面的表现,同时包含了心理、性格、思维方式的特征,为学生家长、学校以及社会提供科学的数据分析,以了解学生的思维方式、学习成绩、爱好特长等。我们认为这些数据资源对学生今后的学习生涯、职业生涯具有极大的指导意义,最终实现培养内心有力量、有社会情怀的未来公民。

二、大数据背景下小学生综合素养评价研究的主要成果

在“基于大数据的小学生综合素养评价研究”课题研究的推动下,学校教学硕果累累,在提升学生核心素养、教师专业成长与学校办学品质方面获得了积极的作用。

(一)提升学生素养

1.评价激励提升学生素养

2017年以来,学校顺利举行了校级、区级、市级少先队活动,献礼新中国成

立70周年活动等一系列活动,我校在活动中巧用大数据评价,利用大数据系统开展"三境"活动、爱国卫生教育和常规行为习惯养成,使学生思想品质、习惯养成水平有了较大提高,涌现出10余个区级优秀班集体、市级雏鹰中队、学雷锋中队,10余名区、市级美德少年、感恩小明星等品学兼优的新时代好少年,同时加强了学生爱国主义和责任担当意识,综合提升了学生常规素养。

2.构建完整"生活教育育人体系"

国家课程校本化、校本课程生活化、生活课程实践化,是我校积极进行课程改革、打造生活教育特色课程的重要举措。创设"N+1"实践活动课夯实课堂教学,语文生活化主题教育课题获得山东省教科院立项并顺利结题,构建完整生活教育育人体系。开设主题活动课提升学生综合素养,在全省语文教学现场会上做课堂展示并做经验交流,构建生活教育"五亦课堂"校本课程并被评为青岛市精品课程,成立五大学院,开设精彩选修课60余门,发掘学生多元智能,建立学生社团60余个。这些重要举措将评价落实到了每个孩子身上,发展了学生的个性特长。

3.全面提升学生素养

全区毕业生质量检测中,我校第一届毕业生总成绩获得第一名。另在全市"四八年级"的语文、数学、科学单科质量检测中,我校的平均分分别超出市平均线40—50分。

在崂山区组织的学生体质健康抽测中,我校获得小学第一名。三年来,我校获得崂山区艺术节一等奖20余次,被推荐参加青岛市、山东省艺术展演,培养出数十名全国、省、市乒乓球、羽毛球、网球、短道速滑等单项比赛获奖运动员。此外,学校机器人社团成绩显著:在中小学生机器人竞赛FLL项目连续三年蝉联山东省第一名;在VEX项目连续四年获得世界金奖,两年蝉联世界总冠军。啦啦操社团获得全国一等奖;合唱社团获第九届和平合唱节金奖;歌剧社团获美国百老汇最高白金奖;乒乓球社团获德国青少年锦标赛冠军、季军。

以点带面,特长培养促素养提升。全校视力达标率为100%,体质健康优秀率达36%,合格率为96%,艺术素养达标率为100%。

(二)助推教师成长

教师通过内化评价指标,明确了教育教学的核心目标,把握了课堂教学的重难点,强化了个性化育人的教育意识等。这些工作促进教师们在教育教学中不断推动自身专业发展。

学校锻炼出一支业务能力较强的师资队伍,目前拥有高级教师 7 人,一级教师 62 人,中高级教师占比达 36％。教师出区级公研课比率已超过 50％,另有市级教学能手 11 人,区级能手 31 人,其中,区、市、省级优秀专业人才 19 人,区、市级优秀教师 24 人,市级学科带头人 3 人,区级学科带头人 2 人,齐鲁名师 1 人。每年有 30 余人执教区级及以上级别优质课、公开课、研究课。

(三)引领创新发展

在教育与教学的相互促进中,创新能力也随之不断提升。学生连续三年获青岛市青少年科技创新大赛一等奖;学校承办世界教育信息化大会现场展示,连续两年代表青岛市、山东省教育系统赴全国教育信息化应用成果展示大会,受邀在全国教育信息化论坛上做主题经验汇报,参与编撰全国首个机器人创客教材并顺利出版,承办青岛市人工智能教育成果展示会暨记者发布会。此外,学校在全国 33 所航天特色学校中脱颖而出,学生代表全国中小学生参加第二届全国航天日系列活动。学校先后与山东大学合作建立人工智能教师提升培养基地,与航天科技集团合作,建设全国航天特色学校,与北京师范大学教育学部教育技术学院签订合作协议,借助高校力量提升科技课程编写、课题研究、信息化建设和教师专业发展等能力。

得益于上述工作,学校被评为山东省创新实践教育基地,入选全国中青创奥基地校等。

(四)扩大区域影响

第一,学校教育得到了省部级及以上政府部门的关注,联合国教科文组织、国务院食安办、全国人大常委会、国家卫健委、国家食药总局、国家疾控中心、山东省少先队等组织和部门先后到校开展调研。

第二,学校承办了全国食品安全工作现场会、全国第一届中小学校长教育信息化提高班培训会、海峡两岸家庭教育论坛等会议或论坛。

第三,学校承办了青岛市中小学家长委员会工作经验现场交流会、青岛市中小学校创建"国家食品安全城市"启动仪式、青岛市未成年人"向国旗敬礼"启动仪式、青岛市教学现场会等市级及以上会议数十次。

第四，学校接待了包括联合国教科文组织主席西马塔，乒乓球世界冠军马琳、沈燕飞及金波、孙云晓等知名人士来校参观访问。

第五，学校迎接了来自加拿大、澳大利亚、韩国、荷兰、日本以及我国北京、香港、重庆、厦门、深圳、宁波、沈阳、佛山等国内外参观团几十次。

第六，学校与香港杯奥公立学校结成手拉手学校，每年分别派出学生赴加拿大进行浸润式学习，赴荷兰、比利时、德国、美国参加研学交流等。

第七，学校工作得到《人民教育》、新华网、人民网、凤凰网、半岛网、《中国教育报》、《半岛都市报》、青岛电视台、《大众日报》、《齐鲁晚报》、《青岛早报》、《青岛晚报》、《青岛财经日报》等媒体的宣传报道。

(五)提高办学品质

自 2017 年至今，学校的规划和发展以大数据背景下小学生综合素养评价研究为抓手，各项工作突飞猛进，先后获得"全国创新名校""全国卫生健康示范学校""全国足球特色学校""山东省未成年人思想道德建设工作先进单位""山东省优秀教育网站""山东省打击乐理事单位""山东省科技教育创新发展实践基地""山东省围棋特色学校""山东大学人工智能教师能力提升培养基地""青岛市文明校园""青岛市五星级阳光校园""青岛市高水平现代化学校""青岛市阳光校园""青岛市年度金凤凰城市教育奖""青岛市年度教育改革创新校""青岛市 AAA 级健康校园""青岛市传统文化教育示范校""青岛市合作教学实验学校联盟校""青岛市知识产权教育试点学校""青岛市优秀家长学校""青岛市优秀家长委员会""青岛市家庭教育示范校""青岛市基层工会示范单位""青岛市三八红旗集体""青岛市文明交通单位""崂山区规范化学校""崂山区精神文明单位""崂山区第三批特色试点学校""崂山区少先队工作红旗单位"与"崂山区工人先锋号"等荣誉称号。

三、小学生综合素养评价系统的研究意义

由目前掌握的大数据信息看，基于大数据的《小学生综合素养评价系统评价细则》科学全面，信息系统合理便捷，更加重视评价的发展激励作用。经过研究和实验应用，评价系统对于提升学生的综合素养、促进孩子个性化成长和未来发展具有重要的意义。

（一）科学系统评价，提升学生综合素养

《小学生综合素养评价系统评价细则》分年级搜集整理能代表学生"会生活、有情趣、敢担当、能创造"四个关键能力的三百多个素养采集点，评价内容科学、系统。通过学校表现、知识过关、能力展示、家长反馈等多渠道，评价系统全面采集、存储、传递、汇总学生学习生活过程数据信息，分析诊断学生的各方面表现数据，让学生了解自己在学习生活实践等方面的优势、不足，扬长补短，帮助学生全面发展，促进学生综合素养的提升。

（二）智慧评价诊断，实现学生个性化成长

小学生综合素养评价系统通过设定软件，智能分析学生的个体数据，使学生不断认识自我、发现自我、完善自我；在实践过程中不断细化评价体系，以满足不同年级、不同心理成长发展特点儿童的差异化评价标准的需求。通过家长、教师、学生互评和自评等多元化评价，系统最终形成对学生的多维评价和多样的结果，做到有针对性地调整对每一位学生的教育行为。学校和家长还可以根据学生个性差异、发展需要和潜在能力，进行个性化指导，从而促进学生个性良性成长，助力学生未来发展。

（三）落实教育改革，推动、引领素质教育

教育是民族振兴、社会进步的重要基石。新时代新形势，改革开放和社会主义现代化建设、促进人的全面发展与社会全面进步对教育和教学提出了新的更高的要求。我校的小学生综合素养评价系统有利于构建网络化、数字化、个性化、终身化的教育体系，有利于实现"人人皆学、处处能学、时时可学"。评价系统针对当前教育改革工作中存在的问题，创新并真正落实了素质教育教学，探索建立了符合基础教育特点的教学评价体系，推动、引领、落实了素质教育改革，对我国素质教育改革发挥了独特和重要作用。

（四）助力民族自信，文明其精神

孩子是祖国的未来，我校站在薪火相传、后继有人的战略高度，高度重视小学生教育。借助评价系统全面提高学生素养，落实小学生全面发展，使学生可以从自己的兴趣爱好出发，自由地从事多方面的活动，充分发展多方面的能力，使在校每一位学生都能发掘自身优点，个性成长，智慧自信。另外，学校还通过家校共育，凝结成一股家风、校风，进而成为一种具有影响力的气质与精神。

少年强则国家强,教育兴则国家兴。星星火炬,代代相传,全面发展的工作任重而道远。随着促进学生核心素养发展的大潮在我国澎湃展开,评价系统能更好地促进全面、主动发展,助力民族自信。

四、社会多元评价主体实践

(一)教师实践心得

1.王雪峰(二年级语文教师):多元评价与靶向目标相结合的成长之路

合理、科学的评价机制能促进学生的健康成长,艺术性地提高班级管理的水平。小学生综合素养评价系统将单一的教师对学生的评价转变为教师、学生、家长三方共同参与的评价,既强化了监督力度,又增加了自励的力量,充分发挥了评价的正向功能,避免了以往综合评价多被质疑的问题。

在实际操作中,老师将评价细则和班级一日常规制度相结合,根据每周班级的综合评定,制定班级发展目标,并将新的目标作为评价系统中新的量化点,同时也是各任课老师的观测点,以在一定时间内不断强化某一项习惯的养成。满5个赞就能升级1个星级评定,依次累计,综合评定结果领先的学生成为班级周、月与学期的精彩之星,单项结果好的则成为专项之星。这些奖励在学期末将作为评优、评先的重要依据。通过一段时间的管理实践,发现这种评价方式也得到了家长们的关心和支持,形成了争先争优的良好风气,促进了同学更加积极地表现。

同时,评价系统关注过程性评价。在家长评价过程中,老师会第一时间掌握学生在家的学习、生活情况,而教师的评价会让家长快速了解学生的在校情况,便于对孩子进行有目标的家庭和学校双向教育。在大多情况下,这种评价结果更容易让学生与家长接受。评价系统"重视发展每一个学生独特的智能优势,从而深入挖掘每一个学生的智能潜力,促进学生的发展"。在评价系统中,教师和家长会发现孩子擅长的领域,帮助他们发展自己的强项,最终培养孩子良好的行为习惯。

2.李浩齐(五年级数学教师):用评价促进乐学

我校评价系统的研发和使用被确定为研究课题。多元的评价是沟通学校与家庭、教师与学生、学生与学生的多彩桥梁。

作为实验班级的学科教师,我积极参与,希望借助评价系统帮助孩子形成自主学习、乐于学习、勇于探索的学习态度和习惯。

在熟悉评价系统的基础上,结合班级学生的具体情况,我从评价的大模块和小模块中确定适合学科评价的条目,并在班里与同学们分享和讨论,将条目与学生日常表现的具体现象关联起来,形成常用表格,最后在课堂中运用具体条目评价或记录后评价,同时结合评价来辅助班主任的班级管理,将特别优秀的表现和做法及时反馈给班主任或者直接用我的评价系统来评价。

最重要的一点是评价后的及时跟进,对积累到一定次数的优秀评价的人员及时在班内进行表扬或电话跟家长进行通报表扬等,促进学生重视评价,自觉关注评价系统。

3.王楠(三年级语文教师)

评价系统的使用,极大地提高了学生的自主性和自律性。本着"为班级管理助力""为学科学习助力"的初衷,与班级学生商定使用评价系统时,我将评价分为必评项和每学期应养成的习惯项;必评项包括日常常规和课堂常规,应养成习惯,以每学期孩子的薄弱环节为主。

以上课回答问题为例,为积极回答问题的同学点赞,对其他同学有激励作用,同时弹屏功能能让孩子们直观看到被点赞同学的名字,更是激发孩子进取心,提升他们上课的积极性。

借助在学校的点赞评价,家长能及时了解孩子在校的状态,并做到及时与孩子交流、与老师交流,更好地实现家校共育。

4.姜雅君(二年级数学教师)

在班级管理方面,作为班主任,对于学生按时到校、认真早读等行为,我会拿着平板电脑为按时到校的同学点赞。一段时间下来,学生就能自觉早到。

实际上,评价系统对学生的量化细致到学生的方方面面。比如课间操,老师通过及时点赞的鼓励,让一批优秀的两操示范员涌现出来,班级的做操水平有了整体提升。

又如,没有评价系统之前,学生会产生很多剩菜剩饭,在增加光盘点赞后,这一举动同样发挥了效果,也增强了学生节约粮食的意识。

在课堂教学中,评价系统的作用更是立竿见影。在课上,同学们善合作、喜探究,能针对问题进行自主探究并表达自己的想法,展示自己的做法。此时,老师通过电脑屏幕及时点赞,这种在全班同学面前直观的鼓励,大大提高了同学参与课堂的积极性,同时提升了同学的自信心。

评价不是目的,是帮助学生养成好习惯的一种手段。在老师的不断激励下,优秀的同学更加优秀,有待进步的同学也更加明确自己哪里还需努力,更有方向。

5.匡鑫(五年级语文教师)

我校的评价系统使用大数据来实现对学生的多元评价,这有利于提升学生的综合素养,也便于教师的日常教学与管理。班主任借力评价系统,能科学、全面、及时地了解学生各方面的表现及差距,便于对学生进行更有针对性的教育,让班级管理有的放矢地进行。家长参与评价,利于老师更全面地了解孩子的表现。使用数据的呈现方式对学生来说更有说服力;数据的前后对比和长期的跟踪评价,利于学生不断认识自我,完善自我。

作为语文教师,我经常使用评价系统对孩子们的上课发言、课堂讨论、作业等各项积极表现进行即时点赞,记录他们课堂上的每一个精彩瞬间,激发学生主动学习的愿望,学生也慢慢地由获赞的外驱力转化为自觉学习的内驱力,达到养成良好学习习惯的目的。

6.王涛(科创中心主任、信息技术教师)

学校参加科创社团的孩子在学校里学到了多种技能和知识,得益于学校新的评价系统,老师和孩子都充满了求知前行的动力。可见,新的信息技术手段在学生评价方面起到了至关重要的作用。老师为善于思考、提出问题的学生点赞,为积极动手、乐于实践的学生点赞,为学生通过自身努力解决难题点赞,为在各种竞赛中夺奖的学生点赞。相信在今后的学校科创活动中,评价系统将继续发挥更大的作用,不断促进学生的全面发展!

7.王莎莎(四年级音乐教师)

我校的评价系统为学校的音乐课堂提供了有力的保障,它促进孩子们积极参与课堂,也使得部分孩子找到了新的兴趣点。如,五年级 11 班李姗凝在之前是不喜欢吹陶笛的,她因为和小组一起吹奏获得了老师的评价和点赞,这极大地激励了她,让她变得更加自信了。

8. 刘伟伟(二年级体育教师)

学校有十几个体育社团,还设置了丰富多彩的体育选修课:一年级围棋,二年级乒乓球,三年级轮滑,四年级足球,五、六年级搏击。这些课程促进学校在各级比赛中屡获佳绩。不管是社团、选修课、体育节、运动会,还是各种比赛,老师都会结合学校评价系统,对孩子进行过程性评价,这种及时、准确与有效的评价不仅仅让孩子们能及时了解到点滴的进步和细微处的不足,还能帮助孩子们培养终身体育的意识,更好地达到体育的育人功能。

9. 张翠翠(三年级数学教师)

学校研发的小学生综合素养评价系统为数学课堂"锦上添花"。使用中,老师依据"能创造——会学习"中的各指标,对于听讲认真、思维活跃、回答问题严谨的孩子给予实时点赞。孩子们通过"弹屏"系统同步看到,从而肯定自己的能力。

评价与鼓励成为当前孩子们前进的最大动力。依据"能创造——善合作"之"学生根据自己的特长进行分工,组员能够遵守秩序,各司其职,相互配合,完成自己的任务"等原则,老师在指导探究不同图形周长的测量方法时,借助小组互动的形式,通过教师的评价和量化分值,获得了预期的好效果。通过素养采集点"能创造——善合作"之"学生能以小组合作的形式,展示合作的成果",通过生生互评的方式,促进孩子们共同进步。

自启动评价系统以来,我班每周一都会将孩子上周的点赞表展示出来,并让综合评价得分前三名的学生分享经验。这种交流与分享进一步锻炼了孩子们的语言表达能力,促进逻辑推理能力的提升。老师相信,通过日积月累,孩子们的数学语言会更加规范,数学推理会更加严谨,数学素养会在潜移默化中得到质的提升。

(二)家长评价

1. 三年级12班朱雅琪妈妈:成长的足迹——孩子的得力小管家

在成长的道路上,学校是培养孩子学习能力、拓宽孩子思维的第二个家,而老师如同启明星,为孩子们指明前进的方向,陪伴着他们的成长。

作为家长,我十分荣幸加入崂山区第二实验小学的大家庭。孩子在这个有爱的环境下学习成长,每天都收获着阳光般的欢乐。刚刚使用"成长的足迹"这个评价系统时,班主任老师细心、耐心地教学生家长使用软件。通过查看点赞内容,家长们可以直观地了解到孩子的在校表现。学生自评和家长评论区,学校又细分到"十个一技能""寒假"以及"居家学习生活"等方面。学校对孩子的素质教育如此重视和用心,让家长十分感动。

2020年的疫情来势汹汹,始料未及,而"成长的足迹"则成了家庭教育的得力小管家。孩子在小管家的点赞鼓励下,增强了自信心,也在小管家的无形约束下养成了良好的作息习惯,能积极主动认真地完成所有学习任务,每天坚持体育锻炼,还能主动帮助家长分担家务劳动。现在这种亲子互动方式已经成为家庭教育不可或缺的一部分。看到孩子这么多的变化与进步,我由衷感谢学校以及老师对孩子的无私付出。

最后祝学校发展的越来越好。二小二小,永远爱您!

2.三年级4班卫晨妈妈

最近使用小学生综合素养评价系统,有点心得与大家分享。

首先,评价系统像一面镜子,总能让孩子通过自我评价发现自身的不足。如寒假参加家务劳动,使用评价系统前,孩子总是在提醒下才去做些能力范围内的家务,而评价系统开启后,在系统选项的提醒下,孩子总是特别积极主动地做家务,假期内大大提高了生活自理能力。

其次,家长评价后的沟通可以给孩子带来更大的鼓励和动力。闪光点绝不吝啬赞美,不足处多多鼓励支持,她会努力越做越好。卫晨在假期每天可以坚持舞蹈基本功的练习,在体育运动一项我就给她不错的评价,她受到肯定后更加积极了,体育课全部认真对待,舞蹈和啦啦操也越练越开心,保证超长假期身体素质不降低。

最后,评价系统的陪伴督促家长和孩子始终保持良好的学习与生活习惯,并帮助家长确立明确的目标。尤其在超长假期繁忙的工作生活之外,评价系统帮家长关注了孩子教育过程中的细节并指明了方向,家长可以和孩子一起参照"标准"去努力,为开学后更快地进入学习状态而做好准备。

愿每个孩子都在最美的年纪健康苗壮地成长!

3.顾心怡妈妈

通过学校的评价系统,作为家长我每天都可以及时了解老师对孩子的评价,了解到孩子在学校的表现。经过长期的跟踪了解,我发现心怡卫生、纪律、两操等常规表现都很好,也能及时上交作业,纠正错误。但是,从点赞数上看,孩子发言却不是很积极。我家孩子比较内向,我非常希望孩子可以多锻炼自己,而且积极发言是一种好的习惯,可以帮助孩子多加思考,提升表达能力。以前,对这一点我也是干着急,但是有了这个评价系统,我就可以以这个点赞情况为抓手,经常和孩子的任课老师沟通,看看有没有办法帮助心怡在这方面提升一下;我也常常鼓励心怡,让她多发言。慢慢地我发现孩子发言获得的赞越来越多,每次和她一起关注收到的评价的时候,她也特别开心。由获赞的外驱力已慢慢地转化为自觉的内驱力。作为家长,我也常常对孩子在家的表现进行点赞,而且我知道咱青岛市的"十个一"项目,是从各个方面培养学生的综合素质,所以说"十个一"走进家庭也是很重要的,比如"掌握一门新的劳动技能"就是我和孩子重点做的。孩子自己制定计划,学习一种家务,让评价系统的监督帮她养成长期爱劳动的习惯,也是让孩子健康成长的一种好的方式。

（三）学术传播

1.参加中国教育发展第二届学术年会并做主题演讲

2018年11月23—25日,由中国教育发展战略学会教育教学创新专业委员会和青岛市教育教学研究院共同主办的中国教育发展第二届学术年会暨全国教育教学创新与发展高端论坛,在青岛市海洋大学科技中心举行。论坛特邀我校修文艳校长参加,并做"基于大数据的小学生综合素养评价系统研究应用"的主题演讲。

24日上午,青岛市教育科学研究院柴清林院长主持论坛开幕,中国海洋大学李巍然副校长、青岛市教育局王洪琪副局长分别为大会致辞,教育教学创新专业委员会学术委员会主任、北京开放大学校长褚宏启同志做了有关教育现代化的主题报告。

修校长介绍了新型智慧校园学生综合素养评价系统(图8.1)。基于育人目标结合当前教育改革的特点与趋势,学校力图为学生打下"二实小烙印",即"会生活、有情趣、敢担当、能创造"四大关键能力,并将其分解为"十二美德",形成"十六表现",根据小学生不同年级的身心发展特点,将"十六表现"进一步细化为不同年级学生的评价指标,形成关键行为特征,从而建立科学完善的学生评价体系,与会领导和专家对此给予了高度肯定。

图 8.1 修文艳校长介绍评价系统

2.担任第十七届中国教育信息化创新与发展论坛演讲嘉宾

2017 年 11 月 23—24 日,由教育部主办的第十七届中国教育信息化创新与发展论坛在湖北武汉国际会议中心举行。论坛特邀修文艳校长参加,并做"面向未来,面向国际,培养学生创新能力和科学素养"的主题报告。

3.参加 2016 年青岛市小学课程与教学工作会议

2016 年青岛市小学课程与教学工作会议上,修校长指出借助信息技术,从大数据层面引入先进的信息技术,针对手机平板电脑、电脑,开发相应的软件,建立科学的小学生综合素质评价与发展云评价系统。通过师评、互评、自评、家长评价等,全面采集、存储、传递、汇总学生课堂学习、课堂表现、道德品质、生活习惯养成、身体素质大数据信息,对评价数据进行挖掘和分析,以"促进学生发展"为目的,突出评价的激励与调控功能,关注学生的发展需要,激发学生的内在发展动力,促进学生综合素质不断发展。

4.青岛市教育信息化建设与应用典型案例入选国家级刊物

青岛市崂山区第二实验小学校长修文艳、副校长林先锋的文章《基于大数据综合分析应用的信息化管理教学模式》列入国家级刊物《基础教育参考》。文章全面讲述了目前教学中学生的成长历程和学校日常教育教学状况是教育面临的主要难题。因此,学校根据大数据评价系统尽量保障教育中的全面化、全体性。

(四)社会影响

1.青岛通讯社报道

2017年11月24日,青岛通讯社进行标题为"修文艳校长参加第十七届中国教育信息化创新与发展论坛并做主题报告"的报道。此次论坛由教育部管理信息中心李健聪主任主持论坛开幕,同时,教育部科技司司长、教育部网络安全与信息化领导小组主任雷朝滋做题为"教育信息化应用、融合和创新"的主旨报告。报道指出修文艳校长面向全国领导、专家和一线的教育工作者,分享了学校教育信息化工作的特色和创新工作。当听到修校长主持的"基于大数据的小学生综合素质评价系统研发研究"课题获教育部"十三五"规划重点课题立项时,与会领导和专家给予了高度肯定。

2.青岛财经日报/青岛财经网

2016年6月25日,青岛财经日报/青岛财经网记者杨宁、国瑾、王墨然报道:今年举行的"互联网时代的教育变革与教育2030年议程"为主题的国际教育信息化会议吸引了来自全球50多个国家、地区的教育机构、教育信息化领域的教育官员、专家学者、校长和教师及信息通信技术行业、非政府组织代表580余人参加,展示了很多前沿信息技术与教育深度融合的创新产品与新技术。记者在展览现场看到前来参观的人络绎不绝,同时作为标杆校展示的崂山区第二实验小学和铜川路小学也是亮点闪现,集中代表了青岛教育信息化学校高水准。其中,崂山区第二实验小学"智能美食管家系统"获赞。

3.乐学网报道

2017年11月29日,乐学网进行了题目为"崂山实验二小—大数据评价小学生综合素养"的报道。报道中说,大数据时代的到来,为教育评价提供了更好的思路。作为全国教育科学"十三五"规划教育部重点课题,崂山区第二实验小学"基于大数据的小学生综合素养评价系统研发研究"昨天正式开题。

详细报道分两部分,第一部分为让教育评价更注重过程,第二部分为十二项美德全程来打分。

4.《青岛日报》报道

2018 年 7 月 2 日,《青岛日报》详细报道了崂山区第二实验小学校长修文艳"让生活走进学校,让教育回归生活"的教学理念。文章从四方面进行阐述:

第一方面,"N+1"实践活动让孩子学以致用,即将"生活走进学校,让教育回归生活"的办学理念融入教育教学的方方面面。第二方面,创造能力,多元素在这里成长。第三方面,大数据分析让因材施教教学得以实现。第四方面,将开放生活的教育理念传递给每个家庭。

第二节 基于大数据的小学生综合素养评价研究的展望

综合素养是当前教育改革的热点问题,反映了教育质量转型升级、教育目标更新换代的时代要求,是知识经济时代和信息社会对教育提出的新要求。强调对学生综合素养的培养是当今国际教育发展的重要趋势,已成为我国教育教学改革的重要抓手。大数据时代的到来,更是为学生综合素养评价提供了更好的思路。

"我们要自创评价体系,就是想更加多视角地来关注孩子,更加注重孩子个性发展,基于个体数据比较分析来因材施教,着眼于孩子当下和未来成长,为孩子以后的学习生涯指导,助力学生终身发展。"这就是学校要使用大数据来评价孩子综合素养的初衷。我们希望通过大数据对学生的受教育过程进行过程性的跟踪和分析,致力于将国家提出的学生关键能力培养在校本化的过程中真正落地,从而全面提升小学生的综合素养,帮助学生成长为在未来社会真正具有竞争力的人才。

本节将基于目前已有的小学生综合素养评价的数据,通过分析数据的运用及表现,结合学校近年来的实践和感悟,谈一谈大数据背景下对小学生综合素养评价系统的展望。愿与各位同仁探讨与分享,以期引起对综合素养评价的进一步思考。

一、大数据背景下小学生综合素养评价系统的发展潜力

大数据背景下的小学生综合素养评价系统,其核心价值是在于促进学生的发展,我们希望能够让学生更加了解自己,能够让教师更加了解学生,能够让学校更加了解管理。评价系统得到的数据可以清晰地再现学生的成长,便于教师改进教学,让管理教学更加便捷。

（一）将评价系统的应用切实落实到学校的决策与发展中来

1.为教育部门提供科学依据,提高管理和决策水平

随着大数据环境的来临,对于教育者来说,信息决策的能力具备了大幅度提高的条件和手段,相比过去的传统数据,我们可以更加全面、及时地去优化、利用数据,从而做出判断和决策。于学校而言,对学生综合素养评价的结果进行大数据分析,可以据此对学校整体的教育教学行为做出优化调整,为教育决策提供较为科学的参考数据。要做好顶层设计,让收集到的数据为教育决策服务,为学生学习和发展服务,为学生核心素养评估服务,并依托先进的教育经验和科学技术,协同建立一套共享的、连续的、全面的、系统的综合素养评价系统。我们期待该系统不仅能够有助于学校对学生学习与综合素养的了解与把握,更能够启发教育决策者多角度、多层面、全方位地利用教育决策信息,让教育决策者对海量数据保持高度的信息敏感性,迅速有效地发挥大数据的价值功能。

小学生综合素养评价系统收集到的大数据有对整个教育活动运行情况进行监测的功能,有助于教育决策者及时发现问题、解决问题,从而更好地对教育系统进行调控,修改和制订更加切合实际情况的政策;可以通过对不同阶段数据的分析,寻找教育发展变化的规律,以便对未来可能发展的趋势或可能出现的问题进行预测;通过数据的收集、分析和整理将教育现象量化,以定性和定量结合的方式呈现教育结果,方便教育决策者了解教育系统的特征,评估教育发展的进程,以此对教育发展做出更有价值、科学的决策,改善学校教育教学工作。

大数据使得教育者的思维方式发生了深刻变化,传统的教育大多是教育主管部门和教育者通过教学经验的学习、总结和继承来展开的,但是有些经验是

不具有科学性的,常识有时会影响人们的判断。大数据时代可以通过对教育数据的分析,挖掘出教学、学习、评估等方面符合学生实际与教学实际的情况,这样就可以有的放矢地制订、执行教育政策,提出更符合实际的教育教学策略。[①]

大数据介入学校管理规划需要多种软件和硬件的全力支持,才能确保大数据运行顺畅。学校管理者应对人力、物力和财力做出相应的设计,减少不必要的投入。大数据进驻学校管理体系,不仅为学校发展提供了契机,还给管理者带来了一定的挑战。学校管理亦是如此,我们只有汇总了有效的海量数据,才能为学校管理计划设定提供重要参数,才能为学校管理工作的正常运行提供支持。[②] 学校只有依据海量的数据,去粗取精,因地制宜,才能确定相适应的办学方式、办学理念、办学方向等,从而进一步为学校的创新管理奠定理论基础。

大数据应用的基本诉求具有科学性、系统性、综合性和高效性等特点,这与学校管理的理念不谋而合。大数据在学校管理制度的建设中,具有极广泛的应用价值,能够扩大评价系统所获成果的推广范围,推动地区教育发展。

2.充分发挥评价系统对学校课程设置的指导作用

评价系统应该充分发挥其对于学校课程设置的指导作用,使得课程结构更加合理,更加关注学生综合素养、关注能力发展及生活实践。借助于评价系统,学校管理员能关注不同年级学生的水平和特色,关注不同班级的素质模块分布,也能关注班级在年级中的水平,可基于大数据分析不同学段的学生特点,有针对性地调整此学段学生的教学过程与活动。

此思路同样也可用于对学生课外社团以及选修课的需求分析、课程开发和学习组织。从课程设计角度看,选修课可以通过数据分析,从而更加重视对学生的个性化指导。选修课社团课程应该不是必修的重复,而是必修的自然延展与提升。用体育比赛上的花样滑冰来类比,前者是规定动作,后者是自选动作,前者反映的是基本功,后者展示的是灵性和天赋。利用收集到的数据,对学生及其学习进行评价,通过捕捉学生学习行为的各项数据,追踪和分析其学习行

① 梁民,张其奎.新教育时代大数据对教育的影响[J].新教育时代电子杂志(教师版),2015,(19).
② 宋化.大数据引领学校管理跨上新台阶[J].知识窗(教师版),2019,(5).

为,从而得出学生行为特征,依此提供课程、开发和推送资源,给出学习建议。例如:针对低年级学生的沟通交流能力这个素养点得分较低的情况,学校可以及时进行干预,开设沟通交际指导课,给予学生交往策略的指导;针对领导才能比较出众的学生,加设领袖课程,给予个性化提升;针对学生对于国学的特殊兴趣爱好,可以增加学校选修课的种类,或者适当增加课时量。

对学生的素养采集点数据进行有效分析,能有效地避免学生选课的盲目性,帮助学生制定符合自身发展实际的个性化课程修习计划,提高人生规划能力。坚持以学生为本的原则,尊重学生的意愿,根据因材指导的原则,依据学生的兴趣爱好、特长、潜能和学业成绩给予个性化的指导;遵循评价系统提供的学生成长轨迹和需求的规律来指导选课均衡性原则,引导学生每学年在不同的学习领域都获得一定成长,防止学生偏科。

学校可以更好地满足学生的实际需求和发展需要,根据素养采集点,开发校本课程。充分考虑到学生的不同需求和个别差异,满足学生多样化的需要,以激励和促进学生正确认识自我。选择适合学生个性潜能发展的独特领域和生长点,比如增设培养人文素养的选修课程,增设激发学生科学探索精神的选修课程,为学生全面而有个性的发展提供了广阔的空间。

3.推进学校教师队伍建设,初探教师专业化发展道路

小学生综合素养评价系统的应用,有利于教师树立课堂教学的目标意识,树立课堂教学的反馈矫正意识,树立课堂教学的情感意识,培养教师科学智慧育人能力、综合信息技术能力、评价数据使用能力等,有利于实现教师的个性化校本培训,从而进行教师的专业化发展道路初探。

对教师来讲,主动参与综合素养评价标准的制定,能够主动地打破"分数至上"的传统评价观念,让教师成为积极的评价改革者和教育实践者,有利于提升教师对数据的敏感性,培养教师的数据素养。教师在课堂上用平板电脑等随时对孩子的表现进行点赞评价。老师对学生学习、品行的每个评价,会分门别类记录下来,老师的评价不再是一个好字、一句真棒,而是自动把评价归为具体的方面。这种有记录的评价,极大提高了学生的积极性,也有利于激发学生主动学习的愿望与兴趣。在教学过程中,教师需要有效地将信息技术手段和网络资源引进自己的课堂,不仅要让课程"趣"起来、"活"起来,方法"多"起来,内容鲜

活起来,而且要有效激发学生的个性和学习兴趣。

同时,教师可以通过数据,对学生行为表现、情绪态度、活动的参与程度、对某主题的兴趣等整个学习历程进行记录跟踪,在数据分析诊断中,发现教育教学中的优势和问题,调整改进教育教学行为。该系统为教师的教学实践提供了信息化的途径和手段,也为教师扎实开展课堂教学的改革、实践,凸显个性、主动构建新型课堂教学风格提供了契机。学校以教研组为研讨单位,积极开展大数据背景下教学风格的改变。教师改变教学风格,提高课堂效率,积极探索为学生提供主动学习的条件,丰富课堂上师生之间的互动关系,营造活泼生动的课堂氛围。比如教师可以在对学生数据情况充分了解的基础上,形成详细的诊断性评价,反馈教育教学的优势与问题,指导教育教学。从而关注学生核心素养,改进教学方案,调整教学方法,从而优化教学设计,对学生进行个性化评价和指导。

教师培训是提升教师专业技能最重要的手段,可利用数据分析的技术推送更个性化的培训资源。教师的教学具备了架构在网络和信息技术平台上的可能,教师都在学校信息化技术应用的培训中,掌握了一定的信息技术应用能力。通过大数据研究优秀教师的教学和管理行为,得出精细的"优秀行为模型";抓取新手教师的日常教学行为,与优秀教师的模型进行比对,更好地把握新手教师的问题所在,制定个性化的成长方案。通过大数据分析教师的行为,更好地刻画其教学风格特征,帮助新教师成长为个人风格突出的优秀教师。同时,通过对比青年教师应用小学生综合素养评价系统前后的变化,探究培养青年教师专业化发展的可持续性。

4.实现评价内容多元化,从终结性评价转向发展性评价

拓宽综合素养系统的评价方式,逐步形成发展性教育评价观,强调以教育评价对象的主体性发展为目的,从学生的需要出发,重视学习过程、学习体验和师生交流。我们收集到的元数据是学生成长的轨迹,是指引学生健康发展的重要参数,是开展人才选拔的重要参考。因此,综合素养评价的内容和形式应该要更加多元化。在网络教学平台中,对于某些教学过程的评价可以即时反馈,从而使教师和学生及时地了解教学情况,发现问题,并进行改正。学生的测试结果将被自动记录在学生的相关数据库。

近十几年来,受到西方教育界的影响,我们出现了许多全新的质性评价方式,如"成长记录袋""学习日记"和"情景测验"等,这些都是重要的评价方式。将定性与定量评价相结合、应用多种评价方法将有利于更清晰、更准确地描述学生的发展情况。但是传统的"记录袋"方式操作起来比较复杂,并且往往成为"荣誉袋",不能真正体现学生的情况,结果势必与发展性评价的目标相背离。而小学生综合素养系统则提高了发展性评价的操作性,学生的学习进程,如课堂的测试、作业、作品、学习感受等在学生操作的时候就自动记入学生的数据库,这其中既有成功的记录,又有失败的记录,因而形成较客观的学生发展性评价材料。

评价系统强调评价主体的多元性,评价主体间的双向选择、沟通和协商等方式的互动,强调被评价者成为评价主体中的一员,建立学生、教师共同参与、交互评价的体系,以多渠道的反馈信息促进被评价者的发展。学生评价有记录在数据库中的学习成绩和学习感受(自我评价)、学习伙伴对他的评论(伙伴评价)、教师通过作业批改或当堂对他的评价(教师评价),以及计算机生成的班级或年级学生成绩统计数据(数据评价)。

评价内容不仅涉及各科知识的掌握情况,更突出学生积极的学习态度、创新精神、分析与解决问题的能力,以及正确的人生观、价值观等。从考查学生学到什么到考查学生是否学会做人、学会认知、学会劳动,通过学校表现、知识过关、能力展示、家长反馈等多渠道,采用教师、家长、同伴、自我多元评价,全面采集、存储、传递、汇总学生学习生活过程数据信息,分析学生的各方面表现数据。

通过评价的内容、评价方式、评价激励等的多元化研究实践,在实践中修改调整大数据评价信息系统和评价操作细则,系统的评价维度要更加细致、明确、有针对性。在实施过程中动态采集学生学习生活过程的全部数据信息并对学生评价数据进行挖掘和分析,对教育过程中的问题进行反思,利用好评价系统的发展激励作用,使学生不断认识自我、发现自我、完善自我,综合素养不断提高,激励学生全面而有个性地发展。

基于发展性评价理念的评价系统可以引导、支持教师从多个维度对学生进行全面的评价,实现了过程信息的全面采集、多种评价方法的运用以及多评价主体的参与,体现了当前学习评价理念的要求。但是,评价系统仅仅是对评价的开展提供了工具、环境的支持,要真正起到评价促进学生发展的作用,更需要教师对评价方案的精心设计,需要教师对学生学习过程的密切关注,需要教师在学习过程中的引导以及全体师生的共同积极参与。

(二)推进评价系统智能化发展,加强数据的采集与报告应用

1.加入行业数据采集的方式,提升数据采集科学性、客观性

数据信息的完整性、准确性是进行统计分析决策的基础,只有保证了信息的科学性、客观性才能保证数据中心共享信息的价值。将之前大量个人填报或者分散在各个系统中的数据汇总、校对、整理成为标准规范的数据,实现数据的可视化分析和挖掘,并从中提取出来教育决策者所迫切需要的关键数据。针对教育者的需求分析,建立相应的策略措施,提升数据服务质量,以此为现行综合素养评价系统提供有益的补充与完善。建立起科学的小学生综合素养评价体系,必须运用信息技术手段把日常评价、成长记录与实践活动结合起来,力求实现人工智能数据自动收集,通过学生日常学习、生活中人脸识别、行为识别等方式,收集学生学习状态、行为素养等方面的信息,减少人工采集的主观性和时空局限性。根据所采集的数据,借助目前的人工分析,实现云端自动形成分析报告,实现学科素养报告、身体素质报告、特长素养报告、家庭教育报告等的初步交叉比对,让学生素养评价更加全面。

大数据背景下的评价系统运用于学生学习和核心素养评价既有优势,也存在一定的挑战,如大数据的转化、大数据的结构、大数据的共享与归属、评价手段的多元化以及评估中的协作等问题。我们日常收集到的数据是庞大而复杂的,尤其是数据来源多样,类型多样,我们需要加强对学生日常学习行为表现的量化和处理,从而减少评估的主观性,有利于学生核心素养发展和提高评价的客观性。这些数据如何成为我们能够真正应用的"巧数据",提高数据的质量,让这些数据发挥更大的使用价值,如何进行高效科学的数据采集,如何更加有效地实现评价发展的激励作用,这也正是课题研究的未来方向。

2.针对个体的具体表现进行细致研究,自主分析形成报告

小学生综合素养评价系统通过数据库收集学生获得的评价后,智能分析系统将分项目归纳学生的表现,学生通过软件,能够直观看到自己学习中的优势、不足,提高自我认知水平,分析找出自己的努力方向,扬长补短。这样学生知道

自己擅长什么、今后努力的目标是什么,有利于促进学生的主动学习。但在数据分析诊断中,针对个体某一方面的具体表现,应进一步进行细致研究。例如:可以通过数据对学生日常学习中的表现、情感上的反应进行记录,如课堂中举手的频率、回答问题的次数、作业的得分和完成时间、与他人合作互动的情况、学习动机以及问题解决的策略和途径等,全面地了解学生在学习中的发展变化情况。

后期我们希望评价系统通过数据的采集,能够根据不同的学生情况,自动生成相应的分析报告。学生、家长和老师能随时地从评价系统中全面了解孩子的发展状况,及时而有针对性地加以引导,引领学生的可持续发展,为家校合作、共同育人开创新的渠道。

3.加大对评价数据自主形成报告模式的探究,充分发挥其指导意义

在大数据背景下,教育行政部门、学校、教师、家长、学生自身都可以借助大数据自主产生的研究报告,对学习及发展进行检测,并通过信息共享对核心素养进行预判和评估。比如:教育行政部门可以查看学校的统计与分析报告,逐级查看乃至查看学生个人的情况报告;学校可以看到本校全部课程的汇总报告,选课人数范围分布、学生选修课热度、课程的参与度等相关报告;教师可以通过评价系统记录学生的日常表现,能客观、及时地了解学生不同方面的表现以及不同学生的差距,以便对学生采取更有针对性的教育;家长可以通过柱状图或者线形图报告观察孩子的发展趋势、兴趣增长点等;学生本人可以查看在学习小组中讨论的参与度报告、上课回答问题的频率报告、活动参与情况报告等。

同时,评价系统又可着重对学生认知、合作、创新、职业等方面的关键能力和素养实施检测和追踪。如在认知方面,通过设计系列的测验,测试学生在语言表达、感知速度、创新思维、推理能力、计算深度、空间能力等方面的表现,了解学生对事物基本认识、判断和对其规律的把握,通过数据分析整合,最终形成自我认知报告,使得学生加强对于自我的认知能力的预判。在合作能力上,通过记录和观察学生在合作中的沟通技巧、行为表现、态度倾向、参与程度等,了解学生在成长过程中与外界、他人互动方面的能力发展变化情况。

4.评价系统形成的报告能够连接上下学段,形成教育发展包

目前,小学生综合素养评价系统的主要评价对象是小学一到六年级的学生,我们利用对于学生个体小学阶段得到的评价数据,进行梳理总结。但是,每个学生成长发展的轨迹并不应该因为某个学段毕业而终止,我们希望通过评价研究而形成的学生发展的资源包,能够再通过数据分析为下个阶段的教育提供教育依据。通过多元评价,课上、课下、校内、校外以及学校表现、知识过关、能力展示、家长反馈等多渠道,全面采集、存储、传递、汇总学生学习生活过程的数据信息,忠实地留下学生成长足迹,连接贯穿整个学生的学习生涯。

我们期待评价系统能够对学生数据进行动态监控和持续追踪,从而可从一个动态的、过程性的视角看待学生核心素养的发展变化轨迹,同时能够对多元化的学生数据进行存储和分析加工,不仅包括传统的文字性资料,还包括影音、图像、动画等多种类型的资料,从而使得学生资料更加全面和翔实。针对学生学习及发展的方方面面,能够系统、全面、有针对性地对学生学习和发展变化进行记录和分析,从一个整体视角审视问题,更加贴近学生的真实情况,能够有层次地体现不同年龄、不同学段的差异。动态、系统、全面的评价系统能够将抽象、复杂的素养数据化,从而监测和评估学生核心素养的发展变化情况,实现对于学生学习效果的写实性记载,初步汇聚成为学生成长记录的大数据系统,实现综合素养评价从无到有、从纸质到电子的跨越,有效衔接上下学段,引导学生从原有水平向更高水平发展,形成真正的教育发展包,通过智能数据分析,实现学生个性化、终身化发展。

(三)评价数据的分析应用为学生个性化教育指引实践方向

国际个性化教育协会(International Personalization Education Association,IPEA)将个性化教育定义为:"为受教育者量身定制教育目标、教育计划、教育培训方法、辅导方案并加以执行,组织相关专业人员为受教育者提供学习管理策略和知识管理技术以及整合有效的教育资源,帮助受教育者突破生存限制,实现自我成长、自我实现和自我超越。"我国政府 2010 年颁布的《国家中长期教育改革和发展规划纲要(2010—2020 年)》中提出:"关注学生不同特点和个性差异,发展每一个学生的优势潜能。"

要为学生构建个性化的教育环境,就必须根据学生的实际学习步调和学习

情况开展有针对性的学习指导,使其真正融入学习过程中,这就需要对学生已有的学习准备、能力、兴趣和天分、学习风格等进行评估。学生是教育视野中的主角,也是此次大数据背景下综合素养评价的主角。因此,我们认为,做好数据后续的分析应用,有利于对学生的个性化教育指导实践方向。数据库分门别类地、忠实地记录了学生在小学阶段的表现,通过分析学生个体数据,关注学生的个性差异、发展需要和潜在能力,促进学生个性化的发展。

做好学生核心素养点数据的采集和整理工作,对于学生在完成任务、参加考试、课外活动、合作交流等过程中的数据进行记录,通过其行为表现和倾向、外化其内在思维和品质,并给予学生提供实时的评估结果和反馈。将学生的内在关键能力和品质,如创新能力、批判性思维、合作能力、自主学习能力、数字运用能力、信息技术技能等分解到学生的学习过程中得以具体化的呈现,大数据为有效地测量和评价学生的核心素养提供了极大的便利与可能性。我们希望通过这个评价系统,"精准"地了解学生的状态。教师根据这些反馈信息调整教学,对典型学生点名提问来发现问题,或对个别表现异常的学生进行辅导。

评价系统能对小学生学习成长过程进行实时跟踪评价,开展学情诊断和分析,从而对学生学习情况和学习效果进行精准评估,并透过客观数据分析,为学生发展提出合理的培养建议。相关数据分析能够反映出学生综合素质中的具体某一方面,有利于教师及时了解教学效果,积极调整教学策略,借助小学生综合素养评价系统的分析数据做到因材施教,从而不断探寻自身教育教学中的优势和问题,更有针对性地调整、改进教育教学行为。比如教师可以及时发现偏科问题严重的学生,及时给予指导和帮助,促进学生的全面发展;引入大数据分析技术开展基于大数据的学习预测和反馈,针对学生的个体化差异而开展个性化的教学活动,按照个人需求和偏好定制的个性化学习方案。既能兼顾学生发展素养的全面性,又突出了学生发展历程的关键性和动态性。

我们应该加强对评价数据的分析应用,通过分析学生个体数据,关注实践,引导学生完成从学习到运用的内化外延过程,为学生未来的个性化成长发挥指导性作用。通过软件设定,系统智慧分析学生个体数据,全面地反映出每个学生核心素养的发展策略及轨迹,这样学生知道自己擅长什么、今后努力的目标是什么,最大限度调动学生的积极性,使学生不断认识自我、发现自我、完善自我。学校和家长也可以有针对性地调整对每一位学生的教育行为,针对学生个体,关注学生的个性差异、发展需要和潜在能力,进行个性化指导,促进每一位学生立足基础,培养兴趣,开发潜能,养成习惯,受益终身,从而实现学生从小学,到中学、大学乃至未来职业规划的个性化成长。

二、大数据背景下小学生综合素养评价系统的发展空间

一方面,坚持以学生核心素养为核心,将小学生综合素养评价系统的理念融入课程、教学、评核三大层面,积极配合学生个性化发展。另一方面,坚持学生学习成果为本、经验为本,从具体层面提升小学生综合素养评价系统在教育实践中的可操作性和实用性,切实不断推动评价系统的智能化发展。

(一)增强数据收集的自动化,避免人工收集数据的局限性

与多媒体技术进一步融合,在学生不自知的情况下被观察、收集到的素养采集点,我们认为更具价值。我们希望利用大数据技术,通过一定的观测技术与设备的辅助,不影响学生任何的日常学习与生活,从而关注每一个学生个体的微观表现,比如,他在什么时候翻开书,在听到什么话的时候微笑点头,在一道题上逗留了多久,在不同学科的课堂上提问多少次,开小差的次数分别为多少,会向多少同班同学发起主动交流等。这些数据的产生完全是过程性的,是对即时性的行为与现象的记录,不再单纯依赖于家长或者教师的人工收集数据的单一模式,可以在一定程度上减轻人工采集的负担,同时也避免了因为个人主观色彩造成的数据采集信息的偏差。

数据采集更加自然、真实,可以获得学生的真实表现,这些数据的整合能够诠释教学过程中学生个体的学习状态、表现和水平。

(二)增强各方面数据的汇总,自主形成个体发展报告

我们目前收集到的数据非常冗杂,来自不同的评价主体,来自不同的时间,来自不同的观测点,对于报告的形成需要大量的操作和数据筛选。那么,如何有效筛选海量的数据,如何对评价数据进行有效的存取,如何防止重要数据的丢失?随着计算机技术的不断发展,我们期待就这些问题展开深入研究工作。重点从各种报告单的创建、保存、计算、汇总等方面入手,实现评价系统数据管理的信息化、流程化、规范化,提高自主形成报告的质量,实现报告之间的交叉

比对,让形成的个体报告创造出更多的参考价值。

我们期待未来的评价系统可以迅速地建立数据库连接层和数据模型层,大大节省数据的开发时间,并且能够针对需要的不同方面多角度进行报告汇总,并进行各种相关信息的列表查询等。其自主形成的报告单能够实现评价数据的计算、导入、打印等功能,以编号或者关键词作为主键来组织数据,输入学生信息之后,我们可以查询到与之相关的所有详细评价信息。

我们希望在小学生涯结束后,这份个体发展报告会对学生中学、大学继续深造发挥过程性评价的作用。希望这个系统能与中学、大学的综合素质评价体系对接,为中学和大学学校培养提供参考。同时,辩证看待评价报告,去结果化,去定论化,只反映学生素养发展过程,不以报告作为结论性评价,仅为学生创造无数的成长可能提供参考。

(三)增加数据收集的指标,重点观测学生能力的交叉点

通过智能数据的呈现,能够对学生具体表现的内在因素追根溯源,提供学生在学习过程中的数据挖掘,比如学生在课堂上和教师互动的时间、学生在哪些学科互动较多,以及学科互动频率和学习结果的关联性分析;可以通过不同长度的时间轴,不同对比范围的调整,提供更加丰富的数据价值,使得我们能够观察学生在不同年级、不同阶段的变化,真实地反映学生各方面能力的成长变化。

通过对学习者的相关记录进行综合分析,有针对性地指出长短板以及学生的兴趣点和能力交叉点,用大数据的力量解决"精准推荐"的问题。可以说,在整个学习活动中,学生的一些具体思维活动和行为表现都可以借由数据得以记录和呈现,一些包括情绪情感在内的非认知因素也可以转化为数据,从而作为学生学习分析和评价的基础。每个学生都有不同于他人的爱好、优点和短板。学生的差异不仅表现为考试成绩的差异,还包括生理特点、心理特征、兴趣爱好等各个方面的不同特点。这就使得在对学生评价及发展建议方面也应各不相同。因此我们希望评价系统对于每个学生发展目标的确定也要体现出个体性,要依据学生的不同背景和特点,判断每个学生的发展潜力,提出有针对性的个性化教育措施,将学生在校学习的"印记"整理成数据库供研究、查阅,同时也为学生个人提供了安全的数据再现保障。

（四）加大家庭教育评价比重，打造个体素养职业发展规划

学校、家庭和社会是孩子成长的环境，学生的心理健康和人格的形成发展，离不开家长和家庭教育。尤其是小学生，更需要得到家长的指导、帮助和教育。教师不能替代家长，学校教育也不能替代家庭教育。因此，家庭教育是整个教育体系中不可分割的重要组成部分，良好的教育从家庭教育开始。[①]

评价系统中各个素养采集点主要侧重于在学校的表现，应该加大家庭教育素养采集的比例。家庭教育的实施可以使人的学习潜能得到更有效的开发，也只有在家庭中才有可能更好地实现生活学习化、学习生活化。收集到的数据能够详细记录学生的点滴进步和变化，也更加真实地勾画出学生发展的特点和个人规划的具体需求。

同时，为了使学生的学习与职业发展更好地衔接，评价系统可以根据个体素养的发展，为学生推荐其适合的职业定位，并相应制订合理的职业素养发展计划。比如，系统可以在对职业生涯的主客观条件进行测定、分析、总结研究的基础上，对学生的兴趣、爱好、能力、特长、经历及不足等各方面进行综合分析与权衡，结合学生自身特点，根据职业倾向，确定其最佳的职业奋斗目标，并为实现这一目标做出行之有效的安排，从而引导孩子调整对当下具体课程的关注度，把未来职业兴趣转化到具体课程上，提升孩子主动学习的积极性。

三、大数据背景下小学生综合素养评价系统的愿景

收获是经验，问题也是经验。时代在不断发展，网络技术的进步使得之前难以解决的问题有了解决的可能性，大数据背景下的小学生综合素养评价系统变成了可能。我们可以根据不同的需求，针对不同的学生，进行广泛的素养点的采集，以此构建一个具有公信力和客观性的综合素养评价体系，解决长期困扰我们的素质评价问题。

我们期望并规划，经过不断研发，能够真正打破学段界限，衔接学生的成长。通过小学生综合素养评价系统的智能分析，小学阶段结束后，最终形成一个个学生自身发展的数据资源包，这个资源包里包括了学生在生活能力、情趣

---

① 何义艳.浅谈家庭教育的重要性[J].考试与评价，2018，(3).

修养、责任担当、学习创造等方面表现,甚至是心理、性格、思维方式的特征,为学生家长、学校以及社会提供科学的数据分析,以了解学生的思维方式、学习成绩、爱好特长等,对学生今后的学习生涯、职业生涯具有极大的指导意义,帮助学生成长为未来社会真正具有竞争力的人才。

大数据与学生综合素养评价的相遇,不仅为深入理解学生学习和发展提供了新的契机,更为教育决策和评估绘制了新的蓝图。这一评价系统的确给我们的教育研究带来了巨大冲击力,其发展极具潜力,前景乐观。我们期望以"基于大数据的小学生综合素养评价系统"研究为契机,有效整合学校教育教学工作,从理论和实践层面展开积极探索和深度关注,扎实有效地开展细致性的研究,更加深入地挖掘基于大数据的小学生综合素质评价系统的应用与实践,让现代化的信息技术进一步推动教育教学质量的提升。在未来教育研究之路上,向着提升学生综合素养发展的方向继续前行,不断追寻。

参考文献

[1]陈宝生.落实 落实 再落实——在 2019 年全国教育工作会议上的讲话[J].中国高等教育,2019,(Z1).

[2]韩成勇.大数据背景下的高校教学评价[J].电脑知识与技术,2017,(17).

[3]韩仙玉,赵保华,王朋.基于 SOA 的数字化校园平台的研究[J].信息技术,2014,(1).

[4]核心素养研究课题组.中国学生发展核心素养[J].中国教育学刊,2016,(10).

[5]何义艳.浅谈家庭教育的重要性[J].考试与评价,2018,(3).

[6]加德纳.多元智能[M].沈致隆,译.北京:新华出版社,1999.

[7]雷芸,涂庆华,宋骏飞,仲媛.大数据时代高校智慧校园服务平台建设与研究[J].通信世界,2017,(1).

[8]李潮林,何宇惠.大数据助力学校德育精准化探析[J].黑龙江教育学院学报,2019,(1).

[9]林珑.高中综合素质评价的哲学思考[J].基础教育参考,2007,(10).

[10]刘宝存.创新人才理念的国际比较[J].比较教育研究,2003,(5).

[11]摩斯.情商:决定个人命运的最关键因素[M].谭春虹,译.北京:海潮出版社,2004.

[12]倪玉莲.优化多元绿色评价 提升音乐综合素养[J].中小学心理健康教育,2014,(15).

[13]彭喜倡.学校"互联网＋""阳光银行"激励评价系统建设——基于学生全面发展[J].现代教育期刊,2020,(2).

[14]人民日报评论部.以综合素养书写精彩人生——如何培养社会主义建设者和接班人[N].人民日报,2018-09-25,(5).

[15]尚靖君.学校德育生活性研究[D].长春:东北师范大学,2013.

[16]宋化.大数据引领学校管理跨上新台阶[J].知识窗(教师版),2019,(5).

[17]汤勇.劳动教育是最好的生活教育[J].教育研究与评论(技术教育),2015,(5).

[18]魏居善.普通高中综合素质评价结果可信度思考[J].教育实践与研究,2017,(12).

[19]魏宁.浅谈小学生进行美育教育的重要性[J].读写算(教师版):素质教育论坛,2016,(29).

[20]吴钢.现代教育评价教程[M].2版.北京:北京大学出版社,2016.

[21]项纯.中小学生自我评价能力的现状、问题与对策[J].教育科学研究,2018,(11).

[22]杨现民,余胜泉.智慧教育体系架构与关键支撑技术[J].中国电化教育,2015,(1).

[23]张烁.习近平:坚持中国特色社会主义教育发展道路 培养德智体美劳全面发展的社会主义建设者和接班人[N].人民日报,2018-9-11(1).

[24]张治.大数据背景下普通高中综合素质评价研究[M].上海:上海教育出版社,2020.

[25]赵士果.促进学习的课堂评价研究[D].上海:华东师范大学,2013.

[26]中共中央办公厅,国务院办公厅.加快推进教育现代化实施方案(2018—2022)[EB/OL].(2019-02-13).http://xkjs.neu.edu.cn/2020/0309/c3685a165617/page.htm.

[27]中华人民共和国教育部.构建多元开放的学校评价体系全面推进中小学素质教育[EB/OL].(2005-06-29).http://www.moe.gov.cn/s78/A11/moe_759/201001/t20100131_9793.html.

后　记

一、缘起——教育初心

2013年建校前期,我就一直在想我们要建成一所怎样的学校、培养一群什么样的孩子。这问题就是本书的出发点,也是我教育的初心。经过了反复的琢磨、几番研讨和向专家学者的请教,我最终把"会生活、有情趣、敢担当、能创造,具有远大理想与目标,能够脚踏实地做好每一件小事,拥有人文气质、山海品格的现代小学生"确定为学校的育人目标。建校后,如何更好地实现育人目标,让每个孩子成为最好的自己,寻找落实育人目标的有效途径这些问题又一直萦绕在我心头。也正是怀揣着这颗教育的初心,我不断地穿梭在理想和现实、想法和做法之间,不断调整我们的教育评价,寻找适合落实我们学校育人目标的教育途径。在大数据时代来临之时,我考虑是不是可以借助信息技术改善我们的传统评价,让大数据和教育评价融合起来,通过对评价数据进行挖掘和分析,突出评价的激励与调控功能,促进学生综合素养不断发展,实现我们的育人目标。

基于以上的思考,2015年7月,我们提出了"小学生综合素养评价研究"课题("小学生综合素养评价系统1.0")。经过两年的实践与完善,2017年,我们的"基于大数据的小学生综合素养评价系统研发研究"课题被立项为全国教育科学"十三五"规划2017年度教育部重点课题。从2017年11月课题开始研究到2018年4月"小学生综合素养评价系统2.0"信息系统完成后台的搭建,历经6个月,我们进行了32次思想碰撞、11次大修改,同年10月,评价系统在我校五年级全面开始了实验操作。2019年9月,修改完善的评价系统开始在全校运转,收集数据。2020年8月,我最终将课题研究成果编撰成书。

二、感谢——贵人相助

课题的立项研究和本书编写过程得到了许多专家、领导的关心与支持。华东师范大学博士生导师戚业国教授在我们课题研究之初,指导我们拟定了"评价指标"的四大关键素养、十二美德及十六表现的整体框架。课题申报、开题、中期报告、课题推进会,每一个关键节点都离不开戚教授的指导和帮助。戚教授还在百忙之中多次亲临学校,听取我们小学生综合素养评价系统的汇报,提出了一些中肯的意见和建议,并为本书作序,这本身就是对我的莫大鼓舞和激励。本书的写作过程还要感谢中国海洋大学教育专业刘胜男博士,刘博士不仅参加了"基于大数据的小学生综合素养评价系统研发研究"开题报告会,还为本书的书稿提纲提出了宝贵的意见。感谢青岛市教育装备与信息技术中心的张思峰主任、青岛市教育局基教处的项骏处长,多次来校指导课题进展,并给予鼓励。感谢崂山区教体局局领导们的高度关注和鼎力支持。我还要向参加每一阶段课题研究的老师们和学校的中层领导们表示感谢。从评价系统框架的构建、采集点整理、课题的实验和课题实施后的操作,课题"成长"的每一步都离不开你们辛勤的付出。我可爱的同事们,是你们让我真正感受什么叫众人拾柴火焰高,感谢你们为课题研究工作付出了的心血和汗水。尤其感谢在本书的撰写过程中,提供研究素材的课题组成员:曲健、刘雅梦、李汶娟、胡杨、王乐、王涛、郭春蕾、李莉、宋祥玉、张锦、毕吉伟、万佳、顾瑶、高玉速、高子妹、刘静、张彩欣、崔雨薇、封相彩、高骞、刘清、李子君……感谢对此课题和这本书成书过程提供过指导与帮助的所有专家、领导和老师们。

三、憧憬——未来可期

正是怀着教育的初心,我希望借助研究评价系统,实现育人目标,提升学生的综合素养。于是,举全校之力,呕心沥血,历经五载有余,增删两版,借大数据之力,畅想扬学生综合素养之帆。虽是蚍蜉撼树,虽是草根研究,终究迈出了第一步。回顾来时路的探索与研究,虽然取得了阶段性成果,但也深知大数据与教育评价融合之路还很长,大数据评价系统的应用现状离理想还很远。在未来我希望在技术上能够实现对学生数据进行动态监控和持续追踪,从而可以从动态的、过程性的视角看待学生综合素养的发展变化轨迹;形成的学生个体诊断不仅包括传统的文字性资料,还包括影音、图像、动画等多种类型资料,从而使得学生资料更加全面、基础和翔实。希望在未来综合素养评价系统能打通学段限制,融合教育资源,形成学生发展的资源包,能够通过数据分析为下个阶段的教育提供依据,忠实地留下学生成长足迹,连接贯穿学生整个的学习生涯。

作为教育者,我坚信,只要怀揣教育梦想,坚守教育初心,砥砺前行,未来可期!

由于时间和精力有限,本书错漏之处难以避免,恳请各位专家和读者多提宝贵意见,以便下次修订。

修文艳

2020 年 10 月